JESÚS, EL LÍDER MODELO

Tomo II

Su ejemplo y enseñanza para hoy

JESÚS, EL LÍDER MODELO

Tomo II

Su ejemplo y enseñanza para hoy

Bob Briner
y
Ray Pritchard

Traducido por
Josie de Smith

Editorial Mundo Hispano

EDITORIAL MUNDO HISPANO
Apartado Postal 4256, El Paso, TX 79914, EE. UU. de A.

Agencias de Distribución

CBP ARGENTINA: Rivadavia 3474, 1203 Buenos Aires, Tel.: (541)863-6745. **BOLIVIA:** Casilla 2516, Santa Cruz, Tel.: (591)342-7376, Fax: (591)342-8193. **COLOMBIA:** Apartado Aéreo 55294, Bogotá 2, D.C., Tel.: (571)287-8602, Fax: (571)287-8992. **COSTA RICA:** Apartado 285, San Pedro Montes de Oca, San José, Tel.: (506)225-4565, Fax: (506)224-3677. **CHILE:** Casilla 1253, Santiago, Tel: (562)672-2114, Fax: (562)695-7145. **ECUADOR:** Casilla 3236, Guayaquil, Tel.: (593)445-5311, Fax: (593)445-2610. **EL SALVADOR:** Av. Los Andes No. J-14, Col. Miramonte, San Salvador, Tel.: (503)260-8658, Fax: (503)260-1730. **ESPAÑA:** Padre Méndez 142-B, 46900 Torrente, Valencia, Tel.: (346)156-3578, Fax: (346)156-3579. **ESTADOS UNIDOS: CBP USA:** 7000 Alabama, El Paso, TX 79904, Tel.: (915)566-9656, Fax: (915)565-9008, 1-800-755-5958; 960 Chelsea Street, El Paso, TX 79903, Tel.: (915)778-9191; 4300 Montana, El Paso, TX 79903, Tel.: (915)565-6215, Fax: (915)565-1722, (915)751-4228, 1-800-726-8432; 312 N. Azusa Ave., Azusa, CA 91702, Tel.: 1-800-321-6633, Fax: (818)334-5842; 1360 N.W. 88th Ave., Miami, FL 33172, Tel.: (305)592-6136, Fax: (305)592-0087; 647 4th. Ave., Brooklyn, N.Y., Tel.: (718)788-2484; **CBP MIAMI:** 12020 N.W. 40th Street, Suite 103 B, Coral Springs, FL 33065, Fax: (954)754-9944, Tel. 1-800-985-9971. **GUATEMALA:** Apartado 1135, Guatemala 01901, Tel.: (502)2-220-0953. **HONDURAS:** Apartado 279, Tegucigalpa, Tel.: (504)238-1481, Fax: (504)237-9909. **MÉXICO: CBP MÉXICO:** Avenida Morelos #85, México, D.F. 06000, Tels./Fax: 011525-566-8055, 011525-566-7984; Madero 62, Col. Centro, 06000 México, D.F., Tel./Fax: (525)512-9390; Independencia 36-B, Col. Centro, 06050 México, D.F., Tel.: (525)512-0206, Fax: 512-9475; Félix U. Gómez 302 Nte. Monterrey, N. L. 64000, Tel.: (528)342-2823. **NICARAGUA:** Reparto San Juan del Gimnasio Hércules, media cuadra al Lago, una cuadra abajo, 75 varas al Sur, casa 320, Tel.: (505)278-4927, Fax: (505)278-4786. **PANAMÁ:** Apartado E Balboa, Ancon, Tel.: (507)264-6469, (507) 264-4945, Fax: (507)228-4601. **PARAGUAY:** Casilla 1415, Asunción, Fax: (595)2-121-2952. **PERÚ:** Pizarro 388, Trujillo, Tel./Fax: (514)424-5982. **PUERTO RICO:** Calle San Alejandro 1825, Urb. San Ignacio, Río Piedras, Tel.: (809)764-6175. **REPÚBLICA DOMINICANA:** Apartado 880, Santo Domingo, Tel.: (809)565-2282, (809)549-3305, Fax: (809)565-6944. **URUGUAY:** Casilla 14052, Montevideo 11700, Tel.: (598)2-309-4846, Fax: (598)2-305-0702. **VENEZUELA:** Apartado 3653, El Trigal 2002 A, Valencia, Edo. Carabobo, Tel./Fax: (584)126-1725.

© Copyright 2000, Editorial Mundo Hispano. Publicado originalmente en inglés por Broadman and Holman Publishers, Nashville, Tennessee, bajo el título *More Leadership Lessons of Jesús,* © Copyright por Bob Briner y Ray Pritchard. Traducido y publicado con permiso. Todos los derechos reservados. Ninguna parte de esta publicación puede ser reproducida por ningún medio —electrónico, mecánico, fotostático, fotográfico o de otra forma— sin el permiso previo de la casa publicadora.

Primera edición: 2000

Clasificación Decimal Dewey: 658.4
Temas: 1. Aptitud ejecutiva - Enseñanza bíblica
2. Jesucristo - Liderazgo
3. Biblia. N. T. Marcos. Estudio

ISBN: 0-311-46173-5
E. M. H. Art. Núm. 46173

4 M 6 00
Printed in U.S.A.

A menos que se indique otra cosa, todas las citas bíblicas están tomadas de la versión *Reina Valera Actualizada,* Editorial Mundo Hispano, © Copyright 1989.

Dedicatoria

Al doctor

Robert S. Folsom,

quien ha demostrado que Jesús es el líder modelo
en el deporte, en los negocios, en el servicio
público y en la acción social.
Estoy agradecido por su liderazgo en mi vida.

Bob Briner

A

John y Helen Sergey,

misioneros por 60 años al pueblo de Rusia.

Ray Pritchard

Contenido

Reconocimientos..		9
Introducción..		11
1.	Cómo encarar la oposición.................................	15
2.	Cómo plantear una declaración de su misión.....	17
3.	Llame a las multitudes..	19
4.	Guarde su corazón...	21
5.	El poder de una represión...................................	24
6.	El plan global de Jesús..	27
7.	La estrategia de los secretos...............................	29
8.	Cómo establecer prioridades...............................	31
9.	Cuestiones sobre el momento acertado para hacer algo...	34
10.	Estilo, sustancia y comprensión.........................	37
11.	Cómo establecer normas para lograr la excelencia..	40
12.	Momentos de compasión.....................................	43
13.	Conozca sus recursos..	45
14.	El gozo del orden...	48
15.	Empieza con agradecimiento..............................	51
16.	Cómo encarar las objeciones a su liderazgo.......	53
17.	Un seminario flotante...	56
18.	Cuidado con la levadura que se levanta.............	58
19.	La administración de lo principal......................	61

20.	A centrarse en lo central..................................	64
21.	Pese sus acciones..	67
22.	Otra vez de viaje...	69
23.	El examen final de los discípulos....................	71
24.	La confesión..	73
25.	Cómo dar noticias...	75
26.	Cómo prepararse para los momentos difíciles...	79
27.	Amor que reprende	83
28.	Cómo hablar para inspirar...............................	88
29.	Cómo cultivar lealtad.......................................	91
30.	Liderazgo audaz...	94
31.	Por qué es importante la intimidad................	96
32.	El poder de la aprobación externa..................	99
33.	Quiere quedarse en el monte alto...................	102
34.	Cómo controlar el flujo de información.........	105
35.	La libertad de fracasar.....................................	107
36.	Avive la fe..	109
37.	Únicamente con oración..................................	112
38.	El círculo íntimo...	115
39.	El líder siervo..	118
40.	Los niños son bien recibidos aquí...................	121
41.	El síndrome: "No, porque no se nos ocurrió a nosotros"..	124
42.	Cómo otorgar recompensas.............................	127
43.	La advertencia de la piedra de molino...........	131
44.	Tome su hacha..	133
45.	Sea salado..	136
46.	Matrimonio y liderazgo...................................	139
47.	El líder sobreprotegido....................................	142
48.	La verdad sobre los halagos............................	144
49.	Liderar *versus* administrar.............................	146
50.	Dedicación total...	149
51.	La orden de los siervos reales.........................	152
52.	Dedique tiempo a los demás............................	154

Reconocimientos

Una vez más, Ray Pritchard ha demostrado ser un socio extraordinario como escritor. Es un gozo reconocer, no solo su importante aporte a la redacción de este libro, sino también todo lo que contribuye a mi vida como amigo, mentor y guía espiritual.

También Marty, mi esposa, sigue siendo una inspiración y brindándome una ayuda práctica de envergadura en todo lo que hago. Esto por cierto incluye la redacción de este libro. Le estoy muy agradecido.

Jennifer Heldman ha sido una asistente sumamente fiel, por lo que quiero expresarle mi gratitud.

Bob Briner
Greenville College
Greenville, Illinois

Mi amistad con Bob Briner es una de las grandes alegrías de mi vida. Me siento honrado de ser su socio una vez más. Cuando alguien me pregunta cómo puedo pastorear una iglesia y, al mismo tiempo, escribir libros, digo que no podría hacerlo sin el apoyo de los hombres y mujeres que comparten mi ministerio en la iglesia. Estoy en deuda con Kathy Duggins, Mia Gale, Sherrie Puknaitis, Phyllis Radd y Cindy Todd por sus muchas bondades, grandes y pequeñas. Ellas se encargan de muchos detalles y me mantienen organizado. Una palabra especial de gratitud a mi esposa Marlene, mi mejor amiga y la persona en quien más confío en este mundo. Nada de lo que hago sería posible sin su apoyo. Levanto a mis hijos Joshua, Mark y Nicholas en oración ante el Señor, rogando que un día sean hombres de Dios que lideren como Jesús.

Ray Pritchard

Introducción

Murió antes de llegar a los cuarenta años. Nunca viajó más allá de 150 kilómetros de su lugar de nacimiento. Su ministerio público duró menos de cuatro años. Dejó atrás un puñado de seguidores y les dijo que cambiaran el mundo.

Así lo hicieron. Veinte siglos han pasado y el mundo todavía está cambiando por lo que ellos hicieron después de que él se fue.

Cuando consideramos imparcialmente todos los factores, podemos afirmar con certeza que Jesucristo es el líder más eficaz que la humanidad ha tenido. El puñado de seguidores que dejó atrás se ha convertido ahora en una confraternidad mundial que suma casi los dos mil millones de personas en todas las naciones y todos los continentes.

¿Cómo lo logró? Creemos que la Biblia contesta esta pregunta. El presente libro es el segundo tomo que hemos escrito sobre las lecciones de liderazgo que aprendemos de Jesús. El primer tomo abarca la historia de Jesús en el Evangelio de Marcos, capítulos 1—6. Este tomo enfoca el contenido de los capítulos 7 al 10 inclusive. Al ir leyendo cada página, usted irá siguiendo a Jesús a medida que avanza lentamente hacia la fecha de su encuentro con su destino en Jerusalén. En el trayecto, descubrirá cómo tomó a un insólito grupo de hombres y los modeló convirtiéndolos en líderes que llevarían adelante su obra después de que él regresara al cielo. Verá de cerca algunos de los más asombrosos milagros que jamás se hayan realizado. Aun después de dos mil años nadie puede explicar cómo Jesús dio vista a un ciego o alimentó a cuatro mil personas con solo siete panes. Solo sabemos que lo hizo porque era el Hijo de Dios que había venido del cielo.

Siga leyendo y será testigo de cómo Jesús encaró uno por uno a sus críticos más intransigentes. Estos choques con personas en puestos de autoridad nos enseñan mucho sobre cómo responder ante la crítica sin perder nuestro sentido de misión.

Unos pocos capítulos más adelante, Jesús lleva a sus discípulos a un retiro en un lugar llamado Cesarea de Filipos. Allí los desafía a declarar su compromiso personal con él y con su misión. Desde ese momento en adelante empieza a hablarles abiertamente sobre su próxima muerte. Este episodio nos enseña mucho acerca de comunicar nuestra visión a nuestros colaboradores clave y la importancia del momento y lugar en que uno pide que alguien asuma un compromiso personal.

En los últimos capítulos, Jesús parece estar en todas partes al mismo tiempo: cura a un muchacho dominado por un espíritu maligno, luego resuelve una disputa entre sus discípulos, después contesta preguntas sobre el divorcio y, por último, dedica un tiempo importante a dialogar uno a uno con el hombre que conocemos como el joven rico. Nuestro peregrinaje termina al viajar Jesús los últimos kilómetros de Jericó a Jerusalén, y cura, en el trayecto, a un hombre ciego.

Nuestra esperanza es que pueda usted captar una visión de la Persona más importante que jamás caminó sobre el planeta Tierra. Si ha descartado usted a Jesús como un personaje religioso irrelevante, deténgase y vuelva a pensarlo. El Jesús que encontrará en estas páginas no es algún icono nebuloso y distante. Es el Hijo de Dios y el líder más grande que la humanidad jamás haya conocido. Después de veinte siglos, su mensaje sigue siendo relevante para el hombre y la mujer de la actualidad.

Introducción

Hemos intencionalmente hecho que cada capítulo sea breve porque sabemos lo ocupada que está la mayoría de la gente. Si tiene una Biblia a mano, le rogamos que haga una pausa para leer los correspondientes pasajes en Marcos. Al hacerlo, aprovechará mucho más los comentarios y aplicaciones.

Siéntase en libertad de tomarse su tiempo para leer este libro. Como autores, no nos importa que subraye frases o que apunte sus propias ideas en el margen. Anote las preguntas que vienen a su mente. Tome lo que nosotros hemos escrito y aplíquelo a su propia situación. Agregue sus propios comentarios. Dios quiera que este libro le inspire a ser un líder como Jesús.

Ahora estamos listos para comenzar. Remontémonos dos mil años en el pasado y sumémonos a Jesús y sus discípulos cuando visitas inesperadas interrumpen una comida placentera. Si está usted ya listo, situémonos en el relato mientras Jesús nos enseña cómo encarar a nuestros críticos.

Capítulo 1
CÓMO ENCARAR LA OPOSICIÓN
Marcos 7:1-7

Se juntaron a Jesús los fariseos y algunos de los escribas que habían venido de Jerusalén. Ellos vieron que algunos discípulos de él estaban comiendo pan con las manos impuras, es decir, sin lavar.

Marcos 7:1, 2

Todo líder tiene un compañero constante. Se llama "oposición". Si usted lidera es seguro que *tendrá* los que se oponen a usted. Esté preparado para responder a sus críticos, y no deje que la crítica injusta o injustificada lo desanime. (Es muy importante poder discernir la diferencia entre una crítica injusta o injustificada y una crítica constructiva de parte de amigos que lo aprecian, la cual es de valor para todo líder.)

La oposición con frecuencia aparece en forma de ataques a sus seguidores, como fue en el caso de los versículos citados al comienzo de este capítulo. Los fariseos procuraban distraer e interrumpir a Jesús atacando a sus discípulos. No se equivoque usted: un ataque a sus seguidores es un ataque a su liderazgo. Al defenderlos, se defiende a usted mismo. Cuando ellos ven que usted aboga por ellos, su lealtad hacia usted y su liderazgo aumenta.

Aunque es importante defender y poner la cara por sus seguidores en público, esto no significa que debe cerrar los ojos a sus acciones que necesitan represión y corrección. Los seguidores *sí* cometen errores. Algunos errores son inocentes. Pero algunos usan su posición de seguidores para hacer cosas malas. En ambos casos, necesitan ser corregidos; en el segundo caso, debe haber represión. En casi todas las circunstancias, el líder tiene que ser discreto y corregir o reprender a sus seguidores en privado dentro de un círculo íntimo.

Fíjese a lo largo de los Evangelios la forma como Jesús reprendió a sus discípulos y las circunstancias cuando así lo hizo. Jesús no contestó directamente la crítica de los fariseos, ni criticó sus reglas hechas por los hombres. En cambio, fue al quid de la cuestión: reglas humanas *versus* la ley eterna de Dios.

No hay nada en este pasaje que sugiera que los fariseos se equivocaran al establecer ciertas tradiciones en cuanto al lavamiento ceremonial. Esas tradiciones tenían el propósito de recordar a los judíos su impureza interior y la necesidad absoluta de acercarse a Dios con un corazón limpio. Pero aquel noble propósito había sido distorsionado convirtiéndose en una norma no bíblica que daba motivo para juzgar a los demás. Cuando Jesús los llamó "hipócritas", no fue por sus reglas, sino por su espíritu de enjuiciar que contradecía la razón detrás del lavado de las manos.

Jesús (1) respondió a la crítica injusta, (2) defendió a sus discípulos y, a la vez, (3) quitó la atención puesta en sus discípulos y la volvió a poner en sus críticos. Jesús demostró magistralmente cómo el líder ha de encarar a sus críticos sin necesidad de desviarse.

Capítulo 2
CÓMO PLANTEAR UNA DECLARACIÓN DE SU MISIÓN
Marcos 7:8-13

Porque dejando los mandamientos de Dios, os aferráis a la tradición de los hombres.

Marcos 7:8

El líder eficaz ve más allá del modo tradicional de hacer las cosas y busca maneras mejores de hacerlas. Pero lo hace sabiendo que algunas cosas son sacrosantas, y tiene siempre presente su meta definitiva. Por esto es tan importante tener una declaración bien pensada de su misión, planteada detalladamente y fácil de comprender. Sin ella, aun el líder más irresistible y carismático se desorienta y descamina. Una declaración de su misión a la cual constantemente se hace referencia es imprescindible para un liderazgo de calidad. Sin esto, la personalidad, el orgullo y las exigencias del momento serán una distracción.

Para Jesús, "los mandamientos de Dios", el hacer la voluntad de su Padre, constituía la declaración de su misión. La "tradición de los hombres" nunca lo distraerían de su meta. Nada lo podía descaminar.

Nuevamente, el punto para notar en el versículo 8 *no* es el que los fariseos se aferraran a la tradición de los hombres. Todos lo hacemos en cierta medida porque la tradición nos ayuda a tomar lo mejor del pasado como guía a la vez que nos extendemos hacia el futuro. Se podría considerar equivocadamente que aquí Jesús atacaba toda tradición. Más bien, censura a los fariseos porque han "dejado" los mandamientos de Dios. Cuando colocamos nuestras tradiciones bajo la voluntad de Dios, estas sirven como una guía positiva. Pero cuando invertimos el orden, terminamos exactamente como los fariseos: abandonando la voluntad de Dios para cumplir la nuestra propia.

Note el ejemplo específico que Jesús da en los versículos 9-13. Es evidente que algunos fariseos estaban usando esta tradición de los hombres llamada "Corbán" para evadir la clara enseñanza de las Escrituras en cuanto a cuidar a sus padres. En vista del quinto mandamiento, esto era realmente un acto maligno. Primera de Timoteo 5:8 nos recuerda que el creyente que no cuida a su propia familia es realmente peor que un inconverso. El líder cristiano nunca debe usar su llamamiento, sea cual fuere, como una excusa para descuidar a sus seres queridos.

En un sentido real, el líder de hoy cuenta con la misma declaración general de su misión. Cumplir la voluntad de Dios debe ser la declaración general de la misión de cada líder cristiano. Dentro de este concepto amplio hemos de detallar específicamente nuestra misión más personal. El líder eficaz comprende su misión, la puede articular claramente y cuida de que tanto él como sus seguidores no se desvíen. Visión, misión y estrategia es todo lo necesario para un liderazgo de calidad.

Asegúrese de tener planteada una declaración de la misión de su vida así como de cada tarea de liderazgo que emprenda.

Capítulo 3
LLAME A LAS MULTITUDES
Marcos 7:14, 15

Llamando a sí otra vez a toda la multitud, les decía: "Oídme todos y entended".

Marcos 7:14

Las palabras, tanto como las acciones, son herramientas del liderazgo y tienen un poder impresionante. Los grandes líderes a través del tiempo han ganado victorias importantes por lo que dijeron y cuándo lo dijeron, y sus palabras permanecen aun después de que la mayoría de sus acciones han sido olvidadas.

Nuestro versículo clave nos dice que Jesús llamó "a sí... a toda la multitud". Hay momentos cuando el líder no debe esperar la oportunidad para hablar sino que la debe crear. Cuando existen malos entendidos, cuando la oposición se está haciendo sentir, cuando cunde el desaliento o cuando reina el entusiasmo, es el momento para que el líder llame a sí a la multitud.

Los historiadores afirman que John F. Kennedy obtuvo la presidencia de los Estados Unidos de América por lanzar justamente un llamado a sí a la multitud. Kennedy, un católico romano, habló ante un grupo de pastores protestantes en Houston, Texas, y con sus palabras aplacó la mayor parte de la oposición de éstos a su candidatura. Después de este discurso, su religión no fue mayormente un factor en su elección. El poquísimo margen que le dio la victoria prueba la importancia de un solo discurso.

En su famoso discurso en Houston, Kennedy calmó los temores de los pastores al profesar su devoción a la Constitución de los Estados Unidos de América y al apelar a la Primera Enmienda de esta que garantiza la libertad de culto. Su discurso fue eficaz porque (1) se atrevió a dirigirse a un público potencialmente hostil, (2) encaró el problema de frente, (3) apeló a un tema de interés común y (4), al hacerlo, por medio de ese público habló a toda la nación.

Unos cien años antes, otro presidente de ese país dio un discurso en Gettysburg, Pensilvania, que conmovió a la nación. Abraham Lincoln, con unas pocas palabras bien seleccionadas, cambió el curso de la historia de su país y planteó una nueva definición para el sueño de un gobierno democrático. El discurso de Gettysburg todavía es ampliamente citado y valorado. Los grandes discursos no tienen que ser largos, pero sí tienen que estar reflexivamente preparados, ser oportunos y ser presentados con franca valentía.

Cuando el líder llama a la multitud, los riesgos aumentan. Asegúrese de que el momento sea oportuno y de que tenga algo importante que decir. No se fascine con sus propios poderes de oratoria al punto de usarlos demasiado. En las raras ocasiones cuando llame a sí a la multitud, su mensaje tiene que ser bien fundado e irresistible.

Con demasiada frecuencia en la actualidad, los líderes no se toman el trabajo de aprender a hablar bien en público. Esto es un grave error. Aun en nuestro mundo en que prevalecen las tecnologías, habrá momentos cuando una presentación oral excepcional y oportuna dará grandes dividendos. En algunos casos significará la diferencia entre el éxito y el fracaso. Esté preparado para las ocasiones cuando sus palabras tengan que revelar la esencia de su liderazgo.

Capítulo 4

GUARDE SU CORAZÓN
Marcos 7:14-23

No hay nada fuera del hombre que por entrar en él lo pueda contaminar. Pero lo que sale del hombre es lo que contamina al hombre.

Marcos 7:15

Vemos en los versículos 14-23 que Jesús desafía a estos líderes religiosos a que consideren la condición de su propio corazón. Es fácil juzgar a otros siempre y cuando uno no se mire primero a uno mismo. Pero el juicio que uno emite toma otro cariz cuando recuerda que uno no es tan bueno como cree que lo es. El punto que Jesús recalca aquí es: No te preocupes tanto por lo que comes, si es "limpio" o "impuro", porque el pecado acecha en tu interior no importa cual sea tu dieta o si te lavaste o no las manos. *El líder eficaz guarda su propio corazón porque todo lo que importa en la vida procede de adentro hacia afuera.*

Proverbios 4:23 se hace eco de las palabras de Jesús: "Sobre toda cosa guardada, guarda tu corazón; porque de él emana la vida". El vocablo *corazón* en la Biblia se refiere generalmente a la parte más profunda de la vida. Es el centro donde se toman las decisiones, el origen de las motivaciones, el asiento de las pasiones y el centro de la conciencia. Es verdaderamente donde "la vida se decide".

Proverbios tiene mucho que decir acerca del corazón. Es la fuente de la sabiduría (2:10) y el entendimiento (8:5), el origen tanto de perversidades (6:14) como de gozo (15:30). El corazón puede descarriarse (14:14) o confiar en Dios (3:5). Puede ser alegre (15:13), orgulloso (16:5), amargado (14:10), altanero (18:12) o prudente (18:15). El corazón puede codiciar a una mujer adúltera (6:25), puede enfurecerse contra el Señor (19:3) y puede, tarde o temprano, endurecerse definitivamente contra Dios (28:14). El Señor prueba el corazón (17:3) porque sabe lo que hay en él (24:12), razón por la cual el corazón debe guardarse todo el tiempo (4:23).

Es muy probable que Jesús haya estado pensando en este versículo cuando hablaba con los fariseos en Mateo 12:34b: "Porque de la abundancia del corazón habla la boca". Este versículo se aplica en ambas direcciones. Lo que está adentro, tarde o temprano, saldrá para afuera, sea bueno o malo. Si el corazón de alguien está sucio, no puede producir pureza en su vida. De la misma manera, si el corazón permanece en el Señor, tarde o temprano, se notará en su exterior. Proverbios 23:7 dice: "Porque cual es su pensamiento [del hombre]... tal es él".

Si sus pensamientos están llenos de la ira, pronto dirá palabras llenas de ira.

Si llena su mente con fantasías sexuales, su cuerpo encontrará el modo de cumplir esos deseos.

Si se obsesiona con sus problemas, pronto lo ahogarán.

Si se siente como una víctima, pronto lo será.

Si lo vencen las preocupaciones, no se sorprenda cuando le salgan úlceras.

Si se concentra en cómo los demás no lo comprenden, pronto sentirá enojo y amargura.

Lo que va para adentro tiene que salir para afuera. Tarde o temprano sus pensamientos pasarán a ser una realidad. Usted no es lo que piensa que es; en cambio, lo que piensa, eso es. Lo contrario también se aplica.

Si se concentra en la verdad, dirá la verdad.

Si reflexiona en las cosas nobles, la nobleza será una característica de su vida.

Si busca lo hermoso, su vida será hermosa para los demás.

Si se obsesiona con lo bueno, lo malo perderá su atractivo.

Si busca virtud, la encontrará.

Si procura las cosas de arriba, elevará su propia vida.

Hace poco, un amigo me mandó esta oración tomada de un libro de oraciones. Es una buena manera de aplicar las palabras de Proverbios 4:23. Dice la oración: "Dios Todopoderoso, nuestro corazón está abierto, todos los anhelos te son conocidos y de ti no se esconde ningún secreto: Limpia los pensamientos de nuestro corazón a través de la inspiración del Espíritu Santo, para que podamos amarte perfectamente y con honra enaltecer tu santo nombre; en nombre de Cristo nuestro Señor. Amén".

Capítulo 5
EL PODER DE UNA REPRENSIÓN
Marcos 7:17-23

Y les dijo: "¿Así que también vosotros carecéis de entendimiento?"

Marcos 7:18a

Este pasaje está lleno de lecciones de liderazgo. La que más se destaca es que a veces una fuerte reprensión es una herramienta necesaria y productiva del liderazgo. Jesús no era un líder que todo lo aceptaba y aguantaba. En varias ocasiones se exasperó mucho con sus discípulos y se los hizo saber sin preámbulos. Lo que dijo, en el lenguaje de hoy sería: "¿Por qué no se despabilan de una vez? ¿Nunca van a comprender las cosas? ¿Cuántas veces se las tengo que explicar?" Aquellos a quienes usted lidera a veces necesitan saber que no está contento con ellos.

Note también lo breve de la pregunta: "¿Así que también vosotros carecéis de entendimiento?" Sin duda que esto les dolió. Una rápida pregunta y luego otra más larga y retórica, quizá a la vez que suspiraba por tener que repetir la misma enseñanza. *El líder sabio espera el momento justo, reprende con fuerza y luego sigue adelante.* El líder necio sigue repitiendo sus críticas incesantemente, lo cual lleva no a un mejor rendimiento sino al resentimiento y al desaliento.

El líder eficaz usa la represión, especialmente la que realmente duele, con mucha moderación y estrategia. Nunca la usa para menoscabar o ridiculizar por el gusto de hacerlo. Siempre tiene un propósito positivo. El propósito nunca debe ser mostrar lo macho o inteligente que es, ni para gratificar su propio ego. La represión debe dolerle al líder tanto como al que es objeto de ella.

El directivo de una corporación parecía siempre necesitar un saco de arena al cual darle puñetazos, una persona que fuera blanco de sus burlas. Durante varios años, "malgastó" muchos hombres y mujeres talentosos que sumaba a su grupo núcleo para luego ponerlos constantemente en ridículo y hacerles objeto de su virulencia, de modo que al final renunciaban y se iban a trabajar a otra empresa, siendo reemplazados por otros objetos de su burla. (El corolario feliz de esto es que varias de estas personas siguieron adelante y lograron el éxito, aun a nivel nacional. Pero por el ridículo incesante e injusto al que estaban expuestos, aquella corporación no se benefició de sus talentos).

Note que la represión a los discípulos tuvo lugar "aparte de la multitud". Es decir, Jesús no regañó a sus discípulos en frente de terceros. Tanto es así que no solo esperó hasta estar a solas con ellos, sino hasta que la pregunta surgió de ellos. De ese modo, no les daba la impresión que solo quería fustigarlos y humillarlos.

Saber el momento preciso, tanto para elogiar como para criticar, lo es todo. Jesús no dudaba en desafiar a sus seguidores cuando sentía que no prestaban suficiente atención a lo que él estaba diciendo y haciendo. Pero siempre lo hizo de una manera que preservaba la dignidad de ellos a la vez que aclaraba dolorosamente los puntos.

También note que la represión no involucraba lo que ellos no sabían, sino más bien lo que debían haber sabido. No sirve para nada reprender a sus obreros por no alcanzar metas que nunca nadie les explicó.

Resulta obvio que Jesús nunca cometió este tipo de error.

Sus reprensiones eran siempre para el bien de la persona y el éxito de su cometido. Su ejemplo nos demuestra que una reprensión cuidadosamente pensada, dada apuntando a los resultados positivos, es una herramienta de liderazgo que no debe descuidarse

Capítulo 6

EL PLAN GLOBAL DE JESÚS

Marcos 7:24-26

[Jesús] partió de allí para los territorios de Tiro y de Sidón.

Marcos 7:24a

Tiro y Sidón eran centros reconocidos de la cultura pagana en la época de Jesús. Eran puertos marinos comerciales en la ribera oriental del mar Mediterráneo que atraían a mercaderes de todo el mundo en la antigüedad. Los pobladores de estas ciudades eran sofisticados, de alta escuela y muy compenetrados en la cultura griega, todo lo cual se notaba en los hermosos edificios, incluyendo los majestuosos templos dedicados a diversas deidades paganas.

Es quizá significante que en el pasaje que le precede (7:14-23), Jesús les habla a los discípulos sobre la importancia de la pureza interior. Su mensaje sobre los pecados que surgen del interior les ayudaría a no juzgar precipitadamente a los gentiles. La pureza interior siempre es importante, especialmente al encarar áreas de la vida donde las tentaciones lo atacan de frente.

Lo asombroso es que Jesús fuera a esas localidades. No tenía miedo de llevar su mensaje a ciudades que otros podrían considerar "prohibidas" o demasiado pecaminosas para aceptar el evangelio. Algunos de sus discípulos sin duda se habrán sentido intranquilos al seguirlo hacia Tiro y Sidón. Es probable que la mayoría nunca antes las hubieran visitado y que tampoco querrían volver. No obstante, ir en este momento los preparó para la Gran Comisión de llevar el evangelio hasta lo último de la tierra, que recibirían más adelante.

El líder exitoso actúa según un plan que lleva adelante sin pausa. Una parte importante del plan de Jesús era demostrar que el evangelio no era únicamente para los judíos. Dado lo difícil que era viajar, lo compacto del área en que se movía y los tabúes sociales contra la relación con gentiles, es asombroso cuántos contactos tuvo Jesús con no judíos durante su breve vida terrenal: con los magos que lo visitaron en su primera infancia, los gadarenos, el centurión romano, la mujer samaritana. Jesús conoció, se relacionó y ministró muy productivamente a una gran variedad de personas. Esta es una poderosa lección sobre liderazgo para nuestra época.

Dado el constante "encogerse" de nuestro planeta y del influjo de inmigrantes a nuestro alrededor, el líder que tiene discernimiento extenderá su liderazgo para abarcar a gente fuera de sus fronteras y a la gente dentro de ellas que son de una cultura y una raza distintas. Es imperativo trazar planes con la intención de relacionarse productivamente con toda la gente de la creación maravillosa de Dios.

Capítulo 7
LA ESTRATEGIA DE LOS SECRETOS
Marcos 7:24-27

Y entró en una casa y no quería que nadie lo supiese, pero no pudo esconderse.

Marcos 7:24b

La herramienta del liderazgo absolutamente básica, y quizá *la* más básica, es "información". Cómo, cuándo, dónde y a quiénes se dispensa información constituye la sustancia misma del liderazgo. El pasaje citado al comienzo de este capítulo da un punto de partida para entender cómo debe ser el manejo de la información por parte del líder. En un sentido humano *aun Jesús,* aunque quisiera, no podía tener algo en secreto.

El punto para empezar a entender lo relacionado con "información" es, entonces, el hecho de que realmente es demasiado difícil mantener algo en secreto. Que un líder piense que puede hacer algo en el anonimato es una tontería. Que un líder piense que puede esconder cualquier información dinámica por mucho tiempo es una sandez. Como dijera Benjamín Franklin: "Tres pueden guardar un secreto si dos de ellos están muertos".

No trate de establecer un liderazgo basado en los secretos. Por un tiempo puede dar resultado, pero inevitablemente fallará. En los años cuando trabajaba en una corporación, notaba que algunos líderes creían que podían liderar mejor si les contaban cosas confidenciales a sus subordinados, cosas que supuestamente debían callar. Al final, esto nunca daba resultado, y lo que sucedía generalmente era que los empleados empezaban a comparar las "confidencias" y se encontraban con que a cada uno se le decía lo mismo sobre algo que creían era una información exclusiva para ellos. Todavía peor, a veces se enteraban que les decían cosas mutuamente excluyentes y contradictorias. En este tipo de liderazgo se pierde rápidamente la confianza. Un estilo de liderazgo cándido y honesto es siempre lo mejor.

Es prácticamente imposible guardar por mucho tiempo cualquier noticia digna de saber, sea buena o mala. En el mundo actual "se correrá la voz". Es siempre mucho mejor que el líder decida cómo hacer saber la noticia en la forma más productiva *lo antes posible*. De otra manera, siempre tendrá que estar reaccionando debido a ella en lugar de controlarla.

La operación más exitosa de "retener" una información en la que me he visto involucrado personalmente terminó, aun así, en una situación dolorosa. Cuando Arthur Ashe, el gran campeón de tenis, descubrió que había contraído SIDA por una transfusión de sangre, una pequeña cantidad de sus amigos más cercanos le prometimos que guardaríamos el secreto hasta el día cuando él mismo decidiera hacerlo público. Tenía algunas cosas que quería lograr antes de enfrentar el enorme clamor del público, que él sabía habría.

Esto dio resultado durante varios meses pero, inevitablemente, tuvo que enfrentar el hecho de que su secreto fuera revelado antes de que él estuviera preparado. Varios formamos un equipo para manejar de la mejor manera posible la tumultuosa conferencia de prensa pero, aun así, fue muy doloroso para Arthur y su familia.

Es muy difícil guardar un secreto. Una novedad es casi imposible de callar. El líder que se caracteriza por su discernimiento lo recordará. Aun a Jesús le resultaba imposible lograr que se guardaran sus secretos.

Capítulo 8
CÓMO ESTABLECER PRIORIDADES
Marcos 7:26-30

Pero Jesús le dijo: "Deja primero que se sacien los hijos, porque no es bueno tomar el pan de los hijos y echarlo a los perritos".

Marcos 7:27

Para comprender este pasaje, es necesario entender que los "hijos" a los cuales se refiere Jesús son sus discípulos. Como líder con un plan, sabía que tenía que aprovechar cada momento apto para instruir a sus seguidores acerca de su plan. Estaría con ellos un tiempo limitado. Tenía que darles lo más posible si iban a poder desempeñarse sin él. El plan, su ejecución y su duración tenían que ser prioritarios.

El líder auténtico comprende que no siempre estará con sus seguidores. Entonces, su meta es capacitarlos para desempeñarse lo mejor posible en ausencia de su líder, sea esta temporal o permanente. Los buenos líderes hablan de esto abiertamente y sin complejos, como lo hizo Jesús. Los líderes que carecen de visión planifican y ejecutan su programa basados solo en la idea equivocada de que siempre estarán presentes. Su programa da resultado óptimo solo cuando están presentes y los seguidores cumplen sus cometidos a través del líder. Desde el principio, Jesús se propuso liderar de manera que sus seguidores pudieran continuar su ministerio productivamente sin que él estuviera presente físicamente. El plan dio brillantes resultados. La iglesia es la evidencia.

Tan importante como entender que "hijos" en este pasaje se refiere a los discípulos de Jesús, es saber que "perritos" es una referencia a todos los demás. Al usar el término *perritos,* Jesús no pretendía denigrar a la mujer. Estaba haciendo una poderosa afirmación sobre prioridades. Estaba diciendo, en efecto, que en comparación con su misión básica, todo lo demás era de muy poca importancia. Sabía sus prioridades. Iba a cumplir su plan.

Al responder a la mujer en el modo que lo hace, Jesús no solo está instruyendo a sus discípulos en cuanto a su misión principal; también está probando la fe de ellos. Lo que pudiera parecer un insulto es en realidad una manera de expresar: "¿Sabes quién soy realmente y por qué he venido?" Observe esto: Cuando ella dijo: "Sí, Señor" fue la única vez que, en el Evangelio de Marcos, alguien llamó "Señor" a Jesús, y fue, no alguno de sus discípulos, sino una mujer gentil. Quizá ella veía las cosas con más claridad que sus seguidores más cercanos.

Además, el incidente entero sirve como preparación para la Gran Comisión que Jesús daría más adelante. Él vino como el Mesías de Israel, pero también como el Salvador del mundo. En un sentido muy real Jesús y la mujer entendían algo acerca de la misión de él que los discípulos todavía no captaban: que, en definitiva, él había venido para toda la humanidad.

La mujer, en una de las declaraciones más presagiosas de las Escrituras, argumenta que Jesús puede ayudarla sin quitarle nada a su plan. Él puede resolver el problema de ella, puede realizar un acto de caridad sin debilitar para nada su causa esencial. Esta es una lección poderosa e importante sobre liderazgo.

Hace unos años apareció, en una reconocida revista, un artículo muy interesante sobre liderazgo en el mundo de los negocios. Una parte del artículo lista las maneras de detectar al líder que tiene problemas: el líder que ha dejado de liderar. Destacaba que uno de los modos más fáciles de identificar a un líder con este problema era notar la cantidad de otras organizaciones y actividades caritativas en que se encontraba involucrado. Estar demasiado envuelto en actividades fuera del trabajo principal es indicativo de un líder aburrido o desgastado. Sea cual sea el caso, su empresa sufre.

Este síndrome se hace evidente en la iglesia local tanto como en el campo educativo a nivel superior. Cuando el pastor acepta más y más invitaciones para predicar en otras partes y cuando busca cada vez más áreas de servicio aparte de la iglesia local, su liderazgo tiene problemas. El educador a nivel universitario puede pasarse todo el día en una conferencia importante fuera de la facultad. Puede realizar muy buen trabajo en juntas y comisiones. Pero involucrarse excesivamente en actividades aparte de la casa de estudios indica una seria falta de liderazgo en la misma.

Tenga cuidado con este síndrome en su propio liderazgo y en líderes de empresas que son importantes para usted.

Jesús nos mostró que hemos de realizar actos de caridad que no interfieran con el cumplimiento de nuestra misión. Al igual que en el caso de la hija de la mujer a quien Jesús libró de los demonios, involucrarse en actividades caritativas secundarias puede ser beneficioso al logro de la meta principal. Si en el contexto de brindar su máximo esfuerzo a su papel de líder tiene usted oportunidad de contribuir a un quehacer caritativo, debe hacerlo. No obstante, *lo más caritativo* que puede llevar a cabo el líder es darle prioridad a su área principal de liderazgo.

Este relato es de rica significación para todos nosotros. Es una lección sobre prioridades, una lección sobre tener una visión global, una lección sobre fe y una lección sobre cómo usar sucesos "no planificados" como importantes herramientas de enseñanza.

Capítulo 9
CUESTIONES SOBRE EL MOMENTO ACERTADO PARA HACER ALGO
Marcos 7:31, 32

Al salir de nuevo de los territorios de Tiro, fue por Sidón al mar de Galilea, atravesando el territorio de Decápolis.

Marcos 7:31

Jesús no tomó la ruta "normal" ni la esperada al regresar de Tiro y Sidón. Parece haber ido hacia el oriente y luego al sur, a Decápolis, bordeando la frontera norte de Galilea, el territorio que era "base de sus operaciones". ¿Por qué? Por dos razones.

Primero, sus muchos milagros habían causado que surgiera un movimiento para coronarlo rey por la fuerza o por aclamación. Ninguno de los dos era parte de su plan. Segundo, también sabía que aumentaba la oposición a su ministerio por parte de los líderes judíos. Porque sabía que no era el momento acertado para forzar una confrontación pública, y porque la multitud en Galilea realmente no entendía quién era él, optó por no pasar por su "base de operaciones" e ir a Decápolis, área metropolitana que antes había sido hostil a su mensaje.

A fin de entender plenamente la significación de este pasaje en relación con el liderazgo, lea Marcos 5:17-20: "Y ellos comenzaron a implorar a Jesús que saliera de sus territorios. Y mientras él entraba en la barca, el que había sido poseído por el demonio le rogaba que le dejase estar con él. Pero Jesús no se lo permitió, sino que le dijo: 'Vete a tu casa, a los tuyos, y cuéntales cuán grandes cosas ha hecho el Señor por ti, y cómo tuvo misericordia de ti'. Él se fue y comenzó a proclamar en Decápolis cuán grandes cosas Jesús había hecho por él, y todos se maravillaban".

La última vez que Jesús había estado en Decápolis, un conjunto de diez ciudades, la gente le había rogado que se fuera. Esta vez, es evidente que estaban contentos de tenerlo allí y le rogaron que pusiera su mano sobre su amigo. ¿Qué había cambiado? Parece obvio. Jesús había mostrado gran sabiduría y gran liderazgo al prohibirle al ex endemoniado que lo acompañara. En cambio, al pedirle que se quedara en su propia región y contara lo que Jesús había hecho por él, el hombre fue un agente poderoso y creíble para el Señor. Jesús demostró que las relaciones públicas de calidad basadas en la verdad y en el momento acertado, más una publicidad bien dirigida, son técnicas valiosas para el líder. Practicó ambas con suma habilidad.

Las dos visitas que Jesús hizo a Decápolis demuestran otros preceptos básicos para el liderazgo. En su primera visita la gente le pidió que se fuera, y así lo hizo. Tuvo la gran sabiduría de comprender que todavía no se había establecido un fundamento adecuado para su obra. En lugar de tratar de imponerse él e imponer su mensaje sobre ellos, se fue. Pero dejó un representante importante para que preparara su próxima visita.

Cuando llegó el momento acertado, regresó y cumplió un ministerio muy eficaz. ¡Qué lección! El líder que usa discernimiento no tratará de forzar su liderazgo sobre quienes no estén listos para aceptarlo.

Las retiradas estratégicas forman parte del liderazgo más inteligente. Aunque el líder sabio no forzará su programa, tampoco se dará por vencido ante una situación sin dar tiempo al tiempo y dejar que se establezca un mejor fundamento, lo cual puede cambiar el cariz de las cosas. En nuestra empresa de distribución de eventos deportivos por televisión, comprobamos la validez de este principio en la práctica. En la década de 1970, Corea llegó a ser un mercado viable para la televisión. Viajamos a ese país esperando venderles a los canales de televisión un importante paquete de campeonatos de tenis. Pero los coreanos nos informaron que no tenían ningún interés en ese deporte y, en efecto, que no los molestáramos.

Nos fuimos pero seguimos manteniéndonos en contacto con ellos, mostrándoles los buenos resultados que daba el tenis por televisión en otros países asiáticos, particularmente Japón, país que siempre tratan de imitar. Nuestra paciencia y el ir estableciendo un fundamento dieron excelentes resultados, y Corea se ha convertido en uno de los mejores mercados internacionales para los programas televisivos de tenis y de otros deportes.

Las importantes lecciones para el líder son, pues: (1) no trate de forzar su liderazgo o su programa donde no están listos para aceptarlo; (2) fomente relaciones públicas de calidad y eduque para establecer un buen fundamento y (3), en el momento acertado, vuelva a intentar.

Recuerde las dos visitas de Jesús a Decápolis y las lecciones sobre liderazgo que enseñan. Jesús nunca hizo nada fortuitamente, aun sus decisiones "pequeñas" se basaban en un propósito más grande.

Capítulo 10
ESTILO, SUSTANCIA Y COMPRENSIÓN
Marcos 7:33-35

Y tomándole aparte de la multitud, metió los dedos en sus orejas.

Marcos 7:33

En Marcos 7:33-35, la frase clave es "aparte de la multitud". Al examinar los milagros de Jesús, observamos que estos tenían dos propósitos principales. Uno era realizar un acto de amor y misericordia en favor del necesitado. El otro era adelantar el plan por medio de enseñar lecciones importantes para su plan.

El líder necesita tener estilo y sustancia, pero es importante que nunca favorezca al estilo más que a la sustancia. Los resultados reales, tangibles, son los que más cuentan. Jesús hizo milagros como obras completas en sí (sustancia). También dio mucha atención al "estilo" para realizarlos. Pero aun prestando atención al estilo, siempre se resistió a "presentar una gran función". Nunca hizo nada para su propio engrandecimiento, hizo todo para glorificar al Padre y para hacer la voluntad de aquel que lo había enviado. Tanto la sustancia como el estilo deben adelantar la causa.

El líder actual necesita considerar cuidadosamente el momento y el entorno de los anuncios, de las presentaciones y demostraciones de nuevos productos. ¿El plan general adelantará mejor centrándose en los colaboradores más cercanos, o ampliándose para influenciar a un público más numeroso? El enfoque del líder debe ser cumplir su meta principal.

Considere otra importante lección que Jesús le enseña al líder en este pasaje. Al tocar las orejas del hombre, Jesús muestra que lo comprende. En el milagro anterior, Jesús echa fuera demonios de la hija de la mujer sin que aquella estuviera presente. Aquí Jesús toca las orejas, luego toca la lengua del hombre con su propia saliva: dos gestos muy íntimos y extremadamente personales. ¿Por qué? El primer milagro muestra su poder de sanar a gran distancia; el segundo, su profunda empatía con el sufrimiento del hombre. El líder sabio reconoce que no todas las decisiones deben tomarse de la misma manera, ni todos los problemas han de manejarse de la misma forma.

También note que suspiró. Es un comentario asombroso —la única vez que sucediera tal cosa y quedara registrada en los Evangelios— no por lo difícil del caso, sino por su profunda compasión por el sufrimiento de este hombre y, quizá por extensión, por el sufrimiento de toda la humanidad. Recuerde: Marcos nunca presenta un detalle irrelevante. Aquí está la prueba de que Jesús "ciertamente... llevó nuestras enfermedades".

A veces el líder tiene que hacer algo rápidamente y luego seguir adelante. Otras veces tiene que detenerse, tomarse su tiempo y, por sus acciones y palabras, demostrar su interés profundo y personal. No existen "reglas" para cuándo hacer qué, solo el reconocer que el liderazgo demanda distintas reacciones en diferentes ocasiones.

Cuando el presidente de un país presenta un discurso a toda la nación, viste traje y corbata y habla con dignidad. Pero cuando visita una feria agrícola, se quita el saco, se sienta y come los platillos típicos del pueblo. ¿La foto de cuál evento aparece en primera plana al día siguiente? A menos que haya sido un anuncio como una declaración de guerra, es siempre la foto del presidente con el pueblo. En este pasaje lleno de buenas lecciones para el líder, Jesús nos muestra más de su lado "humano" aun mientras realiza un portentoso milagro.

Capítulo 11
CÓMO ESTABLECER NORMAS PARA LOGRAR LA EXCELENCIA
Marcos 7:36, 37

Se maravillaban sin medida, diciendo:
"¡Todo lo ha hecho bien!"

Marcos 7:37

Jesús fue, por supuesto, la persona más maravillosa que jamás haya vivido. Hizo todo mejor de lo que nadie jamás haya hecho o que jamás hará, y lo sigue haciendo al "preparar un lugar para nosotros", al interceder diariamente por nosotros y al mantener al universo en su lugar por el poder de su palabra.

No podemos pretender asombrar y maravillar a los demás como lo hizo él con su grandeza y poder. No obstante, para el líder actual, la buena noticia es que se requiere relativamente poco para asombrar y maravillar. Nuestra sociedad se ha apartado tanto de las normas establecidas por Jesús, que el líder de hoy puede ofrecer un contraste destacado y positivo ante los que lo rodean por medio de realizar bien aun las cosas pequeñas. Hacer bien lo pequeño es la base para hacer bien lo grande, la base para un liderazgo efectivo y de calidad.

En el pasado el líder dirigía tanto por preceptos *como* por su ejemplo, empezando con las cosas pequeñas. Hay directivos cuyas empresas tienen definiciones impresionantes y nobles de su misión, pero cuya propia conducta en las cosas pequeñas dista de ser asombrosa y maravillosa. Desafortunadamente, sucede lo mismo en las iglesias. Algunas tienen declaraciones maravillosas y expresivas de su misión que afirman que la intención de la iglesia es producir "siervos que se preocupan por los demás"; pero sus líderes al más alto nivel no lo reflejan en la manera como se conducen en lo pequeño, al relacionarse con los demás cotidianamente.

Cuando el líder siempre llega tarde, no abre su correspondencia, ni devuelve las llamadas telefónicas ni se toma la molestia de agradecer un favor, tarde o temprano la eficacia de su liderazgo se verá afectada. En consecuencia, su empresa se perjudica. Estas son cosas pequeñas, pero se convierten en cosas grandes. Por suerte, estas son cosas que *todos* podemos hacer bien; solo requieren nuestro compromiso y nuestra resolución. Si nosotros, como líderes, hacemos bien las cosas pequeñas, no solo se beneficiará nuestra empresa: la gente se maravillará porque, en la actualidad, son tan pocos los que se molestan con lo que les parece menudencias.

Reflexione sobre la verdad de las parábolas de Jesús que enseñan que la fidelidad en lo pequeño y ser digno de confianza en las cosas que parecen triviales en la vida abren la puerta a mayores oportunidades. Por lo tanto, el líder que atiende bien las cosas pequeñas en un contexto limitado con frecuencia llega a tener oportunidades de liderar en un contexto más amplio. Las cosas pequeñas sí son importantes.

En el caso de Jesús, la aprobación abrumadora de las masas fue lograda gracias a su sabiduría, su compasión, su sentido de tener un llamado divino y la pureza inequívoca de sus motivaciones. No eran solamente sus milagros, porque aun los profetas falsos podían realizarlos (ver Mat.

7:21-23). Los milagros por sí mismos no producen esta clase de respuesta.

Observamos a Jesús y pensamos: "Yo nunca podría realizar milagros como él". Es verdad, pero cualquiera de nosotros puede, con el poder que él da, vivir una vida altruista y, aunque en pequeña medida, lograr un impacto para Cristo.

Capítulo 12
MOMENTOS DE COMPASIÓN
Marcos 8:1-10

Tengo compasión de la multitud, porque ya hace tres días que permanecen conmigo y no tienen qué comer.

Marcos 8:2

La compasión es un imperativo del liderazgo de calidad. Sin ella, el liderazgo es frío, egocéntrico y tiránico. La clase de líder que produce resultados permanentes y positivos, que duran por la eternidad, *tendrá* compasión. Si usted no se interesa sinceramente en aquellos a quienes dirige y en aquellos a quienes sirve, retírese del liderazgo. Si no, hará más mal que bien.

Aquí tenemos un caso en que un líder actuó con sabiduría y compasión sencillamente porque había una necesidad que resolver en ese mismo momento. A veces el líder tiene que demorar sus planes inmediatos a fin de atender a los que lo siguen. Por ejemplo, quizá tenga usted que posponer una reunión, cambiar sus planes de viaje o volver de sus vacaciones antes de lo previsto debido a problemas entre sus colaboradores. En dichos casos, el líder puede prender una luz o "maldecir las tinieblas". Jesús aprovechó esta oportunidad para (1) suplir las necesidades de la gente, (2) volver a enseñar a sus discípulos acerca de su providencia para con su pueblo y (3) obrar un maravilloso milagro que nunca olvidarían. Al hacerlo, convirtió lo que podía haber sido un desastre en un triunfo sorprendente.

Aquí tenemos también una lección secundaria. Este es el segundo caso de alimentación milagrosa en Marcos. El primero, en Marcos 6:30-44, sucedió en Israel e incluyó a un público mayormente judío. Este sucede en Decápolis e incluye mayormente a gentiles. Algunos críticos imaginan que los escritores de los Evangelios, por alguna razón, inventaron dos relatos, pero una comparación aun superficial muestra muchos puntos de contraste.

El líder no debe sorprenderse cuando surgen los mismos problemas vez tras vez. Si anda con un gran gentío en el desierto, no se sorprenda de que les dé hambre y sed.

A veces el líder se queja o parece sorprendido cuando los problemas aparecen, a veces con diferentes públicos. Cuando los problemas se repiten, no siempre es señal de que hubo falta de planificación.

Jesús no parece molesto ni nervioso en este pasaje, como no lo pareció en la ocasión anterior. Simplemente ve la necesidad y toma los pasos para suplirla. ¡Qué lección tan sencilla, pero cuánto la necesitamos!

Capítulo 13
CONOZCA SUS RECURSOS
Marcos 8:1-10

¿Cuántos panes tenéis?

Marcos 8:5

El líder eficaz sabe con qué recursos cuenta. Está dispuesto a hacer las preguntas necesarias a fin de saberlo. No lo deja al azar. Obtiene la información sobre las cantidades de los que las saben.

Resulta obvio que Jesús sabía la respuesta a su pregunta aun antes de hacerla. Es igualmente obvio el hecho de que quería involucrar a sus discípulos en la situación y lograr que fueran parte de la operación destinada a resolver el problema. Hubiera podido, por supuesto, manejar todo con apenas una palabra divina. Por no hacerlo de este modo, brindó lecciones sobre liderazgo a sus discípulos y también a nosotros.

Los historiadores cuentan que el general Robert E. Lee les preguntaba constantemente a sus subordinados, aun el mismo día de su rendición final: "¿Qué oportunidades tenemos por delante?" Lo hacía (1) a fin de no perderse ninguna posibilidad estratégica y (2) para capacitar a sus oficiales a ver todo el panorama. Cuando Jesús les preguntó a sus discípulos cuántos panes tenían, los involucró al instante en la solución del problema que enfrentaban. El buen líder tiene que saber lo que tiene, y debe capacitar a sus seguidores para que empiecen por lo que sea que tengan a mano.

El líder sabio busca maneras de involucrar en cuantas actividades productivas sea posible a los que dirige. La tarea del líder no es hacer las cosas, sino lograr que las cosas se hagan. Resistirá el impulso de hacerlo todo él en lugar de permitir que sus seguidores aprendan y se desarrollen al ser ellos los que "hagan". Debe, hasta donde sea posible, hacer *solo* las cosas que *solamente* él puede hacer. Debe delegar el resto.

Cuando el líder se involucra en hacer tareas que no son de liderazgo, a menos que lo haga para enseñar, la empresa se perjudica. El líder debe dedicar su tiempo a planificar y suplir las necesidades generales de la organización, delegando, inspirando, motivando y enseñando. Permita que otros se desarrollen al darles la oportunidad de aprender por medio de la acción.

En este relato, Jesús, el líder, ve la necesidad y decide que debe suplirla. Entonces expresa su compromiso, que sus seguidores opinan es inútil. Examina los recursos con que cuentan, divide a la multitud, realiza los milagros, usa a sus discípulos para servir la comida y después los usa para que limpien el lugar cuando todos han acabado de comer. En resumidas cuentas, Jesús aquí hace lo que solo él puede hacer —un milagro— e involucra a sus discípulos en todas las demás tareas. Eso sí que fue buen liderazgo.

Note que Jesús no se ofendió ni se enojó porque dudaron. Sabía que la duda se convertiría en una maravillosa herramienta de enseñanza. Visto desde un aspecto puramente humano, los escasos recursos no eran nada ante la necesidad abrumadora del gentío. Pero evidentemente los discípulos habían olvidado el milagro de antes o dudaban que Jesús pudiera repetirlo, quizá pensaban que no realizaría ninguno en territorio de los gentiles. En cualquier caso, el líder tiene que estar preparado para las dudas y el escepticismo de su propio círculo más íntimo. Un momento así provee una prueba suprema de la visión del líder... y de su dominio propio. Si pierde la paciencia, se pierde el respeto de ellos y también la oportunidad de demostrarles cómo un líder reacciona con sabiduría bajo las presiones.

Jesús, quien podía hacer muy bien todas la cosas, se aseguró de que sus discípulos tuvieran la experiencia de hacerlas ellos mismos. Esto les vendría muy bien a ellos y a su importantísima empresa después de que Jesús fuera quitado físicamente de en medio de ellos. Esta es una lección valiosa para todo líder.

Capítulo 14

EL GOZO DEL ORDEN
Marcos 8:1-10

*Entonces él mandó
a la multitud recostarse en tierra.*

Marcos 8:6a

Fíjese en los principios de liderazgo en Marcos 8:6:

1. *Él* mandó a la multitud: Liderazgo personal
2. Él *mandó* a la multitud: Instrucción clara
3. Él mandó a *la multitud:* Comunicación masiva
4. Recostarse en tierra: Del caos al orden

Piense en lo que habría pasado si Jesús no hubiera impuesto el orden. Hubiera sucedido un alocado abalanzarse al repartirse la comida. Algunos hubieran tomado más de lo que necesitaban mientras otros se hubieran quedado con hambre. Se habría perdido un hermoso milagro en la polvareda del disturbio causado por la comida.

Servimos a un Dios de orden. Dios, en el propio acto de creación, del caos estableció el orden. El liderazgo de Jesús se caracteriza por la creación de orden. El nuestro debe caracterizarse por lo mismo.

La primera responsabilidad del líder es poner orden. Sin

El gozo del orden 49

orden, el liderazgo es superficial e inefectivo. Sin orden, los planes se echan a perder.

Es importante comprender que algunos tienen un sentido innato del orden, y otros no. El líder y el líder en potencia deben hacerse un autoanálisis objetivo sobre esta área de su vida. El líder sabio y los que trabajan con él han de asegurarse de que el líder con otras dotes, pero que carece de habilidad organizativa, cuente con la ayuda de alguien que se haga responsable de "armar los pedazos", de garantizar el mantenimiento del orden y de la regularidad.

Esto es de particular importancia en las iglesias. Los líderes espirituales dotados como pastores maestros muchas veces no tienen predisposición para la administración y la conducción ordenada de las actividades de la iglesia. En este tipo de situación es imprescindible que el pastor lo reconozca, y que alguien sea designado para secundarlo como pastor administrador a fin de crear y mantener el orden. El pastor sabio no se resistirá a este tipo de ayuda, sino que la aceptará con gusto y disfrutará de ella. Un contexto ordenado realzará sus otros dones de liderazgo y los hará más efectivos para el reino. Esto se aplica también en otros campos, por ejemplo: en el mundo de los negocios y el campo de la educación. Haga lo que sea necesario para eliminar cualquier carencia en esta área.

A veces los líderes se resisten a esto porque se sienten inseguros o algo inadecuados y tienden a tratar a los demás como una competencia en lugar de integrantes de su equipo. Qué triste que terminan por funcionar a un 30 por ciento de su eficiencia porque no se atreven a dejar que alguien "los apoye en sus áreas débiles".

En el hogar, especialmente el cristiano, debe reinar el orden. El padre y la madre, como líderes del hogar, deben dar al orden una alta prioridad. La psicología social cristiana afirma que el desorden en el hogar nos priva de un sentido de gozo. Sin orden, no puede haber un plan con sentido para que la familia avance hacia una vida de piedad.

Ahora bien, es importante comprender que orden no significa un regimentarse forzadamente con rigidez. Sí significa tener una casa pulcra, limpia y ordenada, un horario razonable, hijos obedientes y adultos considerados y cariñosos. Este tipo de hogar produce y propicia el liderazgo fuera de casa, y adelanta el reino de Dios en dos frentes. El padre y la madre hacen del orden en el hogar una prioridad. Aquí empieza el liderazgo.

Para algunos, tomarse el tiempo para producir orden donde hay caos parece una pesada carga. Dicen: "Sigamos la corriente". "Dejemos que el Espíritu guíe". "No se preocupen por los detalles". Pero, al final, cuesta menos tomarse el tiempo para hacer todo "decentemente y en orden" que dejar que las cosas sigan su curso.

Nuestro Padre celestial es un Dios de orden. El liderazgo de Jesús se caracteriza por su dedicación al orden. Nosotros debemos dedicarnos a lo mismo.

Capítulo 15
EMPIEZA CON AGRADECIMIENTO
Marcos 8:1-10

Tomó siete panes, y habiendo dado gracias, los partió y daba a sus discípulos para que ellos los sirviesen. Y ellos los sirvieron a la multitud.

Mateo 8:6b

Los recursos de cualquier líder son limitados. Con frecuencia, parecerán inadecuados para la situación. Jesús, quien por supuesto contaba con recursos ilimitados, nos enseña en este pasaje que hemos de ser agradecidos por lo que tenemos y de usar lo que tenemos con fe. El líder no debe quedar paralizado ante lo difícil de las circunstancias.

Usar lo que tenemos con gratitud, y marchar hacia adelante con fe es muchas veces el comienzo de un gran triunfo en nuestro liderazgo. Esto no es para recomendar acciones impulsivas y necias y, como ya lo hemos dicho, la retirada estratégica frecuentemente es lo más positivo que podemos hacer. El llamado aquí sí es para un liderazgo que entra en acción, que va superando los problemas con los recursos disponibles.

Muchas empresas grandes y estables (la mayoría de las

iglesias grandes y estables) han empezado con "siete panes" y "unos pocos pescaditos", recursos totalmente inadecuados para su situación. Pero Jesús, líder con visión de futuro, enfocó lo que tenía a mano en lugar de lo que no tenía, y empezó a construir. Entonces sucedieron grandes cosas. Lo que pasa con frecuencia cuando empezamos a usar lo que tenemos es que los demás se sienten inspirados a sumarse a nosotros y ayudar. Se encuentran nuevos recursos que comienzan a utilizarse. Al dar de comer a los cuatro mil, Dios suplió lo necesario. Todavía suple las necesidades, pero en la mayoría de los casos responde a la fe en acción. Cuando nos movemos, él se mueve. El líder se mueve y dirige a sus seguidores para que se muevan positivamente. Si uno no hace nada, no logra nada.

No pase por alto la otra importantísima lección sobre liderazgo en este pasaje. Jesús no se desesperó por los pocos recursos y la enormidad de la tarea. Dio gracias por los panes y pescaditos. ¿Por qué? Sin duda para reconocer que aun lo poco que tenían procedía de la generosa mano de Dios. El líder desagradecido nunca logrará grandes realizaciones porque la ingratitud le quita al alma su fuerza creativa. Uno puede quedarse sentado quejándose de lo que no tiene, o puede dar gracias por lo que tiene y poner manos a la obra.

Fíjese que después de alimentar a todos quedaron siete grandes cestas —palabra diferente de la usada en Marcos 6— llenas de sobras. Es decir, tenían más al terminar que al comenzar, aun después de alimentar a cuatro mil hombres. Así sucede siempre que los líderes se mueven para suplir auténticas necesidades, confiando en Dios, con corazón agradecido, empezando donde están con los recursos que tienen a mano. Este tipo de milagro sucede de varias maneras cada día a medida que hombres y mujeres piadosos hacen lo que Jesús hizo en el desierto de Decápolis.

Dios bendijo los recursos y el esfuerzo de Jesús. Hoy bendice a los que toman lo que tienen, lo utilizan en su obra y confían en él para que supla lo que les falta.

Capítulo 16
CÓMO ENCARAR LAS OBJECIONES A SU LIDERAZGO
Marcos 8:11-13

Salieron los fariseos y comenzaron a discutir con él, pidiéndole una señal del cielo, para probarle.

Marcos 8:11

El líder siempre será puesto en tela de juicio y será probado. He conocido a algunos líderes que creen que después de haber demostrado a lo largo del tiempo que son competentes, debieran ser inmunes a las objeciones y las pruebas. Esta es una esperanza que dista de la realidad. Desafortunadamente, la gente nunca se conforma con la actuación brillante de ayer, con el programa buenísimo de la semana anterior o con el maravilloso sermón del domingo pasado.

Es muy instructivo notar que los fariseos empezaron a cuestionar a Jesús, a probarlo y a pedirle una señal del cielo ¡inmediatamente después de que él había alimentado a cuatro mil hombres con siete panes y unos pocos pescaditos! A esta altura de su ministerio, Jesús ya había realizado muchos otros milagros en contextos sumamente públicos. La noticia de esas proezas se había extendido por todas partes. Aun así, los fariseos lo cuestionaron y querían una señal del cielo.

Jesús sabía que sus móviles no eran buenos y que su pedido no era sincero. Su cuestionarle era en realidad una especie de trampa con el fin de desviar a Jesús de su curso. Además, habían logrado justificar todo lo que Jesús ya había realizado: Los milagros o eran falsos o "programados" o eran meras casualidades. Así que ahora pidieron una demostración ostentosa. Lo que esto implicaba era: Si haces esto, te creeremos. Pero en realidad ya habían decidido lo que creían.

A veces los corazones se endurecen tanto que nada de lo que hacemos o decimos los puede cambiar. Jesús lo sabía, se negó a discutir, suspiró profundamente (uno supone que con una mezcla de resignación y tristeza) y siguió adelante. Los mejores líderes pueden reconocer la diferencia entre preguntas legítimas y objeciones que quieren desviarlos de su curso. Una señal útil puede ser: Si alguien se le acerca y le pide "solo una" prueba más de que su plan dará resultado, reflexione con cuidado antes de ofrecer "solo una" prueba más, no sea que caiga en la trampa de querer constantemente complacer a los que nunca se conformarán no importa lo que usted haga.

Una reacción peligrosa y derrotista a este tipo de cuestionar y probar es decir: "Ah, ¿quiere una prueba? Una prueba le daré". Entonces va y hace algo que no está dentro del plan y en realidad no lo adelanta, pero que cree hará callar a sus críticos. No lo hará. Este tipo de críticos nunca serán silenciados. Es mucho mejor responder como lo hizo Jesús: "Suspiró profundamente" y siguió adelante.

Como sucede tantas veces, Billy Graham tiene mucho que enseñarnos en este sentido. Después de una vida entera de notable servicio dedicado y humilde, después de éxitos sin precedentes al predicar el evangelio a lo largo de muchos años, aun hay todavía *dentro de las iglesias* aquellos que lo cuestionan y lo prueban. El doctor Graham nunca responde. Parece "suspirar profundamente" y seguir adelante.

Billy Graham sigue sin pausa su plan y su programa. No se desvía. No contraataca a sus detractores. No se pone a la defensiva. Sí dirige otra cruzada. Sí predica el evangelio. ¡Qué ejemplo! Es una lección de Jesús sobre liderazgo, llevada a la práctica ante nuestros ojos por un líder contemporáneo. Es indispensable que nos apropiemos de esta lección y la apliquemos en nuestros propios estilos de liderazgo.

Nunca se le ocurra pensar que puede escapar de que lo cuestionen y prueben. Según los antecedentes de su liderazgo, el cuestionar y probar pueden ser injustos e injustificables. Lo seguro es que sucederá. Esté preparado para ello. Esté listo para "suspirar profundamente" y seguir adelante con el plan que Dios lo ha llamado a realizar.

Capítulo 17
UN SEMINARIO FLOTANTE
Marcos 8:14-21

[Los discípulos] se habían olvidado de llevar pan, y no tenían consigo en la barca sino un solo pan.

Marcos 8:14

El líder inteligente organiza ocasiones para enseñar formalmente, reserva un tiempo para ofrecer conocimiento e instrucción vitales. No obstante, la enseñanza más eficaz muchas veces se imparte cuando el líder inteligente aprovecha uno de esos momentos aptos para el aprendizaje que ocurren espontáneamente.

En el incidente de Marcos 8:14 resulta obvio que los discípulos no habían hecho lo que debían. Tendrían que haber contado con la suficiente cantidad de pan para la travesía por el mar de Galilea. Jesús hubiera podido usar esta falta para enseñarles una lección sobre provisiones, logística, listas de verificación y organización. Podía haber presentado una conferencia sobre la importancia de prestar atención a los detalles. Podía haberles dicho: "No se crean que porque el Padre hizo posible la alimentación de los cuatro mil con siete panes ustedes quedan libres de la responsabilidad de planear de modo que no pasemos necesidades".

Esta *es* una lección que algunos seguidores de algunos líderes necesitan que les enseñen. Algunos seguidores ponen tanta confianza en líderes excepcionalmente efectivos que descuidan sus propias obligaciones, pensando que la brillantez del líder siempre los sacará de apuros. Pero Jesús escogió enseñar una lección mucho más fundamental. De su ejemplo, aprendamos a utilizar esos valiosos momentos aptos para el aprendizaje para lograr el bien mayor.

En este momento de su ministerio, Jesús enfrentaba la realidad de una oposición constantemente en aumento por parte de los líderes religiosos de Israel. Su maligna hostilidad era una amenaza mayor a su ministerio que cualquier problema menor de logística u organización. Aprovechando el momento, Jesús hizo caso omiso de esas importantes áreas a fin de instruir a sus discípulos sobre algo que era tanto *importante* como *crucial* para su éxito futuro. Con esto, Jesús tomó un momento apto para el aprendizaje y lo convirtió en un inolvidable seminario flotante.

Capítulo 18

CUIDADO CON LA LEVADURA QUE SE LEVANTA

Marcos 8:14-21

Mirad; guardaos de la levadura de los fariseos y de la levadura de Herodes.

Marcos 8:15

Conocer y comprender a nuestros enemigos es una importante admonición. El buen líder comprende los factores que obran contra el éxito de su empresa.

Hay una corriente de liderazgo que enseña: "Olvidémonos de la competencia. Lo único que tenemos que hacer es centrarnos en lo que estamos haciendo y todo nos saldrá bien". Esto suena bueno y *lo es,* pero solo hasta cierto punto. Es cierto que no conviene obsesionarse con lo que hacen sus adversarios y en defenderse de ellos al punto de no funcionar a su máxima capacidad. No obstante, Jesús nos enseña, tal como les enseñó aquí a sus discípulos, que conocer a su enemigo le ayudará a vencerlo.

Los mejores equipos profesionales trabajan incesantemente para perfeccionar la ejecución de su cometido. A la vez, son operaciones de exploración que procuran saber todo lo posible sobre cómo operan sus opositores. La ejecución de sus planes entonces se centra en ser la mejor respuesta posible al estilo de juego de estos. Uno no descuida la preparación para un desempeño óptimo pero, a la vez, aprende cómo lograrlo en relación con la competencia.

Nuestra compañía es relativamente pequeña, con apenas unos 150 empleados. En ocasiones nos ha tocado competir con gigantescas empresas internacionales. Por medio de observarlas cuidadosamente aprendimos que su empuje casi siempre se basaba en sus vastos recursos humanos: en cuántos empleados podían involucrar en una situación dada. Al conocer y comprender su táctica, aprendimos por lo menos una manera de procurar contrarrestarla.

Cuando nos encontrábamos en competencia con alguna compañía muy grande, nuestro argumento al deportista era: "No le podemos prometer una gran cantidad de gente para su proyecto, pero podemos prometerle que nuestra gente de más alto nivel se involucrará personalmente. Si se decide por nosotros, no estará tratando con 'tenientes'. Tendrá usted 'generales' de gran experiencia asumiendo una responsabilidad personal diaria para lograr el éxito del proyecto". En otras palabras, mi socio y yo prometíamos involucrarnos personalmente. Con frecuencia esto daba resultado y a veces ganábamos contra los gigantes. Si no hubiéramos conocido a nuestra competencia, no hubiéramos podido programar una estrategia viable.

Fíjese en otro punto importante de la enseñanza de Jesús. Obtiene su lección partiendo de lo familiar y pasando luego a lo desconocido. Al ver el único pan de los discípulos, usa la levadura para ilustrar las intenciones malignas de Herodes y de los fariseos.

Esta era una ilustración poderosa por dos razones. Cada uno de sus discípulos sabía lo que era la levadura porque era de uso común. Además, todos saben que solo se requiere un poco de levadura para leudar un pan entero. Era la ilustración perfecta para el punto que Jesús quería recalcar: una sustancia común conocida por todos cuyas propiedades ilustraban la naturaleza perniciosa del mal que obraba contra ellos.

Al decirles "Mirad", Jesús les está enseñando: (1) que realmente tenían enemigos, (2) que los enemigos eran sagaces y difíciles de identificar y (3) que se requería una vigilancia constante para defenderse de ellos.

El líder inteligente encuentra maneras sencillas de advertir a sus seguidores sobre los peligros que enfrentan. En este caso, los discípulos al principio no captaron lo que Jesús les decía. Esto solo refuerza la importancia de que el líder constantemente enseñe, enseñe y enseñe, y no crea que los demás comprenden inmediatamente lo que él dice.

Capítulo 19
LA ADMINISTRACIÓN DE LO PRINCIPAL
Marcos 8:14-21

Mirad; guardaos de la levadura de los fariseos y de la levadura de Herodes.

Marcos 8:15

El liderazgo, casi por definición, se relaciona con lo principal. El líder exitoso no puede estancarse en las menudencias. En la mayoría de los casos, los detalles *tienen que* delegarse. No obstante, hay algunas cosas que parecen pequeñeces que, si no se atienden, se convierten en factores importantes e impiden un logro óptimo. En el versículo citado aquí, Jesús estaba enseñando acerca de este tipo de cosas, las no negociables.

El líder inteligente comprende la diferencia entre los detalles pequeños, de poca consecuencia, que no merecen su tiempo y atención, y los lapsos que debieran hacer sonar fuertes alarmas y levantar grandes banderas rojas. Hay una enorme diferencia entre olvidarse de hacer algo, aun algo importante, y ser deshonesto o sembrar divisiones. La "levadura" a la que se refiere Jesús es maligna. Estaba advirtiendo sobre el modo que contamina cuando se introduce en aun pequeñas cantidades. Esta es una lección poderosa para todo líder.

La "levadura" de Herodes y de los fariseos era una creciente corrupción y disposición maligna que, aunque pequeña en ese momento, luego cundiría por toda la nación. Jesús podía ver claramente que el día llegaría cuando las pequeñas nubes en el horizonte se convertirían en una tempestad de controversia, la cual caería sobre su cabeza en medio de truenos y relámpagos el último día de su vida terrenal. No era como si sus discípulos no se percataran de la oposición. Ellos mismos habían sido víctimas de la hostilidad pero, como la mayoría de los seguidores, no podían ver hacia dónde los llevaba. Jesús lo sabía porque veía claramente el futuro. Aquí se ocupó de advertir a sus hombres de los peligros que ellos mismos enfrentarían en el futuro.

El líder debe hacer caso omiso de algunos problemas o, cuanto más, callada y privadamente mencionar a la persona responsable lo que necesita corregir. Pero ciertos tipos de problemas nunca deben ignorarse, y la organización debe saber que el líder "estalla" ante ellos. La deshonestidad y la desunión son dos de ellos. A la primera señal de cualquiera de los dos, el líder tiene que actuar rápida y decididamente para resolverlos. Nunca los deje a un lado. Estos, como todo tipo de maldad, crecerán y contaminarán la operación entera.

Al decir "estallar", no queremos decir que está bien que explote, y que el líder tiene que gritar y vociferar cuando se encuentra frente a una situación con la cual tiene que lidiar. Lo que sí queremos decir es que tiene que entrar en acción rápida y decididamente y que, de una manera u otra, tiene que hacer ver que la deshonestidad y la falta de lealtad, aun en pequeñas dosis, no serán toleradas.

El tipo de "comentario" que usted quiere generar es: "¿Sabías que Marcia ya no trabaja aquí? Supongo que meter la mano en la caja chica no es cosa chica por aquí". O: "El jefe se enteró de que Manuel prometía a los clientes más de lo que podemos cumplir. Manuel ya no está con nosotros". O: "¿Conoces a Carlos, el que siempre andaba diciendo lo mala que es nuestra compañía? Parece que le dijeron que ya que era tan mala, se encontrara otra empresa en donde trabajar".

El líder tiene que tener la capacidad de reconocer "la levadura de los fariseos" y estar dispuesto a encararla inmediatamente.

Capítulo 20
A CENTRARSE EN LO CENTRAL
Marcos 8:14-21

Teniendo ojos, ¿no veis?
Teniendo oídos, ¿no oís? ¿No os acordáis?

Marcos 8:18

Así como los discípulos se centraron en el problema relativamente menor de no tener pan, y en su preocupación por ello demostraron falta de fe —especialmente al considerar el gran milagro del cual recientemente habían sido testigos—, los seguidores de hoy muchas veces se "descentran", olvidan sus victorias del pasado y dan lugar al temor y la incertidumbre. El líder tiene que volver a centrarlos, refrescarles la memoria y tranquilizarlos.

En todo tipo de empresa, desde dirigir un equipo para levantar un negocio hasta estar al frente de una iglesia, el líder debe guardarse de no "descentrarse". Debe empezar esta vigilancia consigo mismo. Cuando el líder se desvía de su centro, la empresa sufre. Sucede con demasiada frecuencia que la falta de un liderazgo centrado lleva al colapso y al fracaso total.

A centrarse en lo central

Cuando un directivo se enamora de un proyecto que lo atrae pero que no tiene nada que ver con los intereses centrales de la compañía, empiezan los problemas. Cuando los líderes de la iglesia empiezan a considerar un aumento en la asistencia (o cualquier otra meta secundaria) como su meta principal en lugar de hacer discípulos obedientes, sacrifican las verdaderas bendiciones. El líder tiene que mantenerse centrado, adherido al cumplimiento de la declaración planteada de su misión. Si el líder se desvía de lo que es central, los demás involucrados pronto seguirán su ejemplo.

Pero, ¿qué tiene que hacer el líder para mantenerse centrado? Los primeros minutos de cada día son muy cruciales pues inciden sobre el resto de la jornada. ¿Dedica usted un momento para consagrar el día al Señor y pedirle su dirección? ¿Y piensa estratégicamente en las tres o cuatro cosas más importantes que tiene que hacer ese día?

Algunos líderes escriben una declaración de su misión y la colocan en un lugar donde la pueden ver durante el día para tenerla siempre presente. Sé de otros líderes que tienen una lista de preguntas para cada mañana:

1. ¿Qué tengo que hacer hoy que nadie más puede hacer con eficacia?
2. ¿Qué cosas en mi lista podría otra persona hacer mejor que yo?
3. ¿Qué problemas he descuidado porque no quiero enfrentarlos?
4. ¿Qué pasos —no importa lo pequeños que sean— puedo tomar hoy que sea un avance de mi compañía hacia el futuro?
5. ¿Qué debo hacer hoy y que me dará satisfacción cuando hoy sea ayer?
6. ¿Cómo puedo alentar hoy a los que están a mi alrededor en cuanto a lo que ellos tienen que hacer?

Las preguntas como éstas son de vital importancia porque obligan al líder a pensar en sus prioridades y le ayudan a mantenerse centrado. Si se distrae, lo mismo les sucederá pronto a los que lo rodean.

Fíjese también en la estrategia que Jesús siguió para tranquilizar a sus discípulos:

1. Hizo diez preguntas muy incisivas.
2. Las preguntas empiezan con el problema en sí y terminan por llegar a la raíz del problema (falta de fe debido a su mala memoria).
3. Les recordó dos asombrosos milagros recientes.
4. Los desafió con el pensamiento que para entonces ya deberían haber entendido todo esto sin otras explicaciones.

Llamar a esto "tranquilizar" puede sonar extraño porque más bien parece un reproche, pero en realidad Jesús estaba tranquilizándolos en el sentido de que, a pesar de su lentitud en aprender, él seguía dispuesto a trabajar con ellos. También les estaba demostrando que tenía más fe en ellos (y más elevadas expectativas) que ellos mismos.

Seguramente que no fue divertido ser reprendidos por Jesús pero, a final de cuentas, la experiencia les hizo mucho bien. Es como cuando un director técnico muy respetado le dice a su equipo: "Ustedes pueden dar mucho más, y porque pueden dar mucho más, no me conformaré hasta que eso acontezca". Duele, pero a la larga, produce seguidores que llegan a ser líderes.

Capítulo 21
PESE SUS ACCIONES
Marcos 8:22-26

*Entonces tomando al ciego de la mano,
le sacó fuera de la aldea.*

Marcos 8:23a

Es interesante notar que a veces Jesús hacía cosas de un modo inesperado. Es obvio que hubiera podido dar vista al ciego allí mismo, en el lugar donde se encontraba, sin siquiera levantar un dedo. El que no lo haya hecho nos brinda una valiosa lección sobre liderazgo. Es importante que el líder entienda que no solo los resultados inmediatos son los que cuentan, sino también el impacto que tienen los resultados a largo plazo. A veces será necesario lograr algo "fuera de las aldeas" para alcanzar un impacto positivo óptimo. También, la manera más fácil de realizar algo no siempre es la mejor.

Este es el único lugar en los Evangelios donde Jesús sanó en etapas. Comprender por qué es difícil, debido a que el texto no lo explica claramente. Algunas aplicaciones obvias son:

1. Jesús, sin lugar a ninguna duda, tiene el poder de dar vista a los ojos ciegos.

2. Tiene el poder de sanar instantáneamente o en etapas.
3. Jesús se involucró de un modo muy personal en los problemas de este hombre.
4. Resolvió el problema de una manera que también fue una lección para sus discípulos.

La mayoría de los comentaristas opinan que Jesús estaba enseñando a sus discípulos que eran como el ciego que había sido parcialmente curado. Veían a Jesús borrosamente —no claramente— y necesitaban más iluminación del Espíritu Santo a fin de que se les aclarara su visión espiritual.

Tampoco los líderes de la actualidad deben sorprenderse de que sus seguidores sean lentos para captar toda la visión. Tienen que repetidamente y con toda intención encontrar momentos cuando puedan "enseñar con su ejemplo" la misión global de la organización.

Algo digno de notar es que Jesús aquí está respondiendo a la necesidad del momento. Los amigos del ciego lo trajeron a Jesús. Curar a un ciego no estaba programado para ese día —hablando desde un punto de vista puramente humano— pero Jesús comprendió que esta "interrupción" en realidad le brindaba una poderosa oportunidad para demostrar su poder, su compasión y su consagración a su misión total. Estaba "en la brecha" aunque el incidente pareciera más bien una distracción.

Notemos, de paso, que Jesús le indicó al hombre que no volviera a la aldea. Este, por supuesto, sería el primer lugar donde querría ir. Esto sugiere que el milagro se realizaba no tanto para ser visto por el público sino para beneficio de los discípulos.

El líder sabio, como Jesús, pesará sus acciones a fin de producir el mayor bien y enseñar las más poderosas lecciones.

Capítulo 22
OTRA VEZ DE VIAJE
Marcos 8:27-30

Salieron Jesús y sus discípulos por las aldeas de Cesarea de Filipo, y en el camino les preguntó a sus discípulos diciendo: "¿Quién dice la gente que soy yo?"

Marcos 8:27

Este pasaje está repleto de lecciones que el líder necesita aprender. Quizá la primera es que el líder tiene que estar dispuesto a ir donde está la acción, tiene que estar dispuesto a emprender el duro viaje. El centro de operaciones de Jesús era Capernaúm, pero las más de las veces lo encontramos de viaje. Cesarea de Filipo era una urbe particularmente pagana, una ciudad griega de bastante renombre en el siglo I.

Cesarea de Filipo había sido un centro cananeo para el culto a Baal. Más adelante se le dio nombre en honor al dios griego Pan. Después, Herodes construyó allí un templo en honor a Augusto César. Por último, Herodes Felipe (otro Herodes) expandió la ciudad y le puso otro nombre honrándose a sí mismo y al emperador Tiberio César. Es por eso que el ambiente de la localidad era muy grecorromano y más dedicado que nunca al culto pagano. En espíritu, era muy diferente de las ciudades y aldeas de Israel. Aquí Jesús sí que se encontraba en "suelo extranjero".

Jesús no mandó meramente a sus discípulos a este campo difícil a repartir tratados; fue delante de ellos guiándolos. El líder de calidad muchas veces entra en la batalla delante de sus tropas, no se limita a enviarlas. Al liderar, manténgase alerta para percibir las ocasiones cuando la causa se beneficia más con su presencia. El líder de una corporación, conocido mío, tiene una regla general que dice: "El viaje que menos quiero emprender es probablemente el que más necesito hacer".

El líder inteligente hace el viaje difícil con sus seguidores. En casi todas las ocasiones, Jesús viajó con sus discípulos y aprovechó el tiempo del viaje para enseñarles.

Mientras trabajamos para levantar nuestra compañía a lo largo de tres décadas, algunos de los momentos más provechosos y gratificantes eran cuando viajábamos con nuestros colegas más jóvenes. Le doy el mérito a mi socio quien tuvo la sabiduría de sugerir que aun cuando los dos viajáramos en el mismo avión, debíamos pasar algo del tiempo de vuelo con nuestros colaboradores más jóvenes. Ellos ahora ocupan posiciones clave. Jesús demostró una y otra vez esta lección sobre liderazgo.

Capítulo 23
EL EXAMEN FINAL DE LOS DISCÍPULOS
Marcos 8:27-30

Entonces él les preguntó: "Pero vosotros, ¿quién decís que soy yo?"

Marcos 8:29

La película *El puente sobre el río Kwai* es una de las más conmovedoras de aquellas sobre la Segunda Guerra Mundial. Con intenso dramatismo narra una historia que ilustra qué fácil es, aun para el más inteligente y dedicado, enfocarse tanto en un objetivo secundario y olvidarse de la meta global. En la película, el comandante británico de un grupo de soldados capturados por los japoneses se aboca con tal intensidad a construir un puente como manera de mantener la disciplina y *esprit de corps* entre sus hombres, que se olvida de la razón por la cual se encuentran allí: para derrotar a los japoneses. El puente sería sumamente beneficioso para la causa japonesa. Pero porque el comandante ha olvidado su misión principal —extremadamente importante—, hasta va al extremo del heroísmo para construir el puente y, de este modo, ayudar al enemigo.

Un tema recurrente de John McArthur, reconocido pastor y maestro de la Biblia, es qué fácil le resulta a la iglesia distraerse y olvidar su misión. Estar "fuera de foco" causa que aun iglesias pujantes terminen siendo insignificantes. Cuando esto sucede, las supuestas comisiones de evangelización se enfocan en trivialidades, ¡como los ujieres! ¡No se piensa para nada en los inconversos en la comunidad excepto en cómo se los acomodará si por casualidad entran al templo! Después de establecer el orden y de insistir en la unidad, mantenerse "en foco" es la orden del día, de cada día, para el líder.

Cuando Jesús hizo la pregunta del versículo clave, sabía que pronto colgaría de una cruz. Pero antes de poder hacerlo tenía que saber la posición de sus hombres. Tenía que hacer que se expresaran. ¿Estaban de su parte? ¿Sabían quién era realmente él? Si lo expresáramos en términos escolares, diríamos que éste era el examen final de los discípulos.

En esta ocasión Jesús recibió de Pedro una maravillosa y emocionante respuesta. Algunas veces antes, otras preguntas similares le habían indicado que tenía que enseñarles más.

Jesús fue uno de los primeros proponentes del sondeo de la opinión pública. Con su pregunta estaba midiendo el impacto de su mensaje y de su misión. Es muy importante que el líder no pieda el contacto con la gente más afectada por su liderazgo. Para que no suceda, el líder debe tener un núcleo íntimo de seguidores que le tengan la suficiente confianza como para decirle la verdad.

Algunos líderes indican desde el principio que solo tolerarán comentarios positivos. Este es un terrible error. El seguidor más valioso que un líder pueda tener es aquel que dice la verdad por más que duela. Cuando un líder pregunta: "¿Qué tal me estoy desempeñando?" (y esta es una pregunta que se debe hacer periódicamente), un seguidor de confianza y que confía en él ha de poder y estar dispuesto a responder con la pura verdad.

Asegúrese de fomentar este tipo de confianza en el grupo de colaboradores cercanos que estén dispuestos a decirle tanto lo bueno como lo malo sobre su desempeño y lo que los demás perciben sobre la efectividad de su liderazgo. Aproveche sus respuestas veraces y honestas para hacer que su liderazgo futuro sea más efectivo.

Capítulo 24
LA CONFESIÓN
Marcos 8:27-30

—Pero vosotros, ¿quién decís que soy yo?
Respondiendo Pedro le dijo:
—¡Tú eres el Cristo!

Marcos 8:29

"Pero vosotros, ¿quién decís que soy yo?" En el texto griego, la palabra *vosotros* tiene un énfasis enorme. Como vemos, vosotros está al principio de la oración. Es como si Jesús dijera: "Pero vosotros que me habéis seguido y me habéis conocido desde el principio, sí, vosotros, ¿quién *decís* que soy yo?" *Es la pregunta más grande en todo el universo, y es la que, tarde o temprano, todo ser humano debe contestar.*

Pedro contesta por todos los discípulos. Eso es porque era el R.D.: el Replicador Designado. Cada vez que aparecía una pregunta, Pedro era siempre el primero en responder; Y cuando contesta aquí, no lo hace solo por él mismo, sino por todos los discípulos.

Su respuesta es muy, muy específica: "¡Tú eres el Cristo!" Con esto quiso decir: "Yo sé quién eres. Eres el Mesías enviado para salvarnos, y eres el Hijo de Dios que bajó del cielo". Es breve y sencilla. Todo lo que se necesita para ser salvo está dicho en esa afirmación.

Fíjese que Pedro dijo: "¡Tú eres el Cristo!" No: "Yo digo que tú eres el Cristo". Ni tampoco: "Nos reunimos y lo pusimos a votación y opinamos que tú eres el Cristo". Es una afirmación declaratoria: "Tú eres el Cristo".

Algunos leen esa afirmación y dicen: "Bueno, no es para tanto. Yo también diría lo mismo". La mayoría de los creyentes seguramente se pondrían de pie y dirían: "Tú eres el Cristo". Pero Pedro fue la primera persona en la historia humana que lo dijera en voz alta; y lo dijo cuando pocos estaban a favor de Jesús y muchos en su contra. Merece todo el mérito, porque sin su confesión no habría iglesia cristiana. En ese sentido, hay una línea directa entre Cesarea de Filipo y el movimiento cristiano del presente. Si Pedro no hubiera abierto la boca quién sabe lo que sería ahora el cristianismo.

El líder tiene que ganarse el tipo de reconocimiento y aprobación que Pedro le dio a Jesús. Ganárselo, no esperarlo ni exigirlo, ha de ser la meta de cada líder.

El liderazgo puede ser planificado, analizado, administrado, ordenado y, hasta cierto punto, manufacturado. Pero en su manifestación más poderosa e importante, tiene que ser personal, emotivo y, hasta cierto punto, espontáneo. Los organigramas cuidadosamente dibujados solo cobran vida y verdadero significado en la medida que, en puntos clave, los seguidores le dicen al líder: "Yo *sí* lo seguiré a *usted*".

Cuando se obtiene esta respuesta es electrizante, vigorizante y unificador. El líder y el seguidor quedan entrelazados, sellados en la unión de un compromiso de lograr un objetivo de valor. Este tipo de unión es la parte que más compensa y ayuda a que los pesados costos del liderazgo valgan la pena.

El líder se gana el derecho a este tipo de relación especial al involucrarse activamente con su gente. Se lo gana cuando demuestra cariño e interés. Se lo gana al aceptar al menos algunos de los mismos rigores que espera que sufran los seguidores.

Sea el tipo de líder que se gana este tipo de aprobación que produce resultados.

Capítulo 25
CÓMO DAR NOTICIAS
Marcos 8:27-30

Él les mandó enérgicamente que no hablasen a nadie acerca de él.

Marcos 8:30

Es obvio que Jesús quería que todos supieran quién era él. Vino al mundo e invadió el espacio y el tiempo "para que todos sepan". Dejó atrás toda la gloria que le pertenecía como integrante de la Divinidad a fin de que hombres y mujeres llegaran a *conocerlo*. Sufriría la muerte, "¡y muerte de cruz " justamente para que la gente lo conociera y supiera por qué había venido. Con esto en mente, Marcos 8:30 se convierte en una lección tremendamente poderosa sobre liderazgo. Cuando juntamos este con todos los otros ejemplos citados en Marcos y los demás Evangelios, en que Jesús instruyó tanto a sus discípulos como a otros que *no* contaran, tenemos una lección para líderes que no hay que pasar por alto.

Lo que pareciera un obvio *non sequitur* —el anhelo de Jesús de que todos lo conocieran y sus muchas instrucciones de no revelarlo— cobra sentido cuando comprendemos que la ocasión, el lugar y el método de dar a conocer una información determina su impacto definitivo. Los líderes más sabios comprenden que la información, como la autoridad, es una de las herramientas básicas del liderazgo. En virtud de su posición, el líder tiene acceso a información que nadie más tiene. Cómo y cuándo esa información es utilizada jugará un papel importante en determinar la efectividad del líder.

¿Por qué Jesús advertía repetidamente a sus seguidores que no le contaran a nadie acerca de él? La respuesta se resume a dos realidades. Primera: sus seguidores no estaban preparados para dar a conocer la noticia. Aun en su círculo más íntimo todavía no tenían una comprensión cabal de por qué había venido. Considere que apenas minutos después de la asombrosa declaración de fe de Pedro, Jesús le reprochó diciendo: "¡Quítate de delante de mí, Satanás!" Esencialmente, Pedro comprendía claramente *quién* era Jesús, pero no entendía totalmente *por qué* había venido.

De hecho, sus discípulos no supieron nada de la crucifixión hasta los últimos momentos de la vida de Jesús. No entendieron realmente que Jesús *tenía* que morir hasta después de que murió. Jesús no podía arriesgarse a que el mensaje se propagara públicamente mientras sus hombres clave no comprendían cuál era su identidad ni cuál era la misión que Dios le había encomendado.

Segunda: el pueblo de Israel no esperaba un Mesías que sufriera. Esperaban un líder político/espiritual que los liberara del gobierno romano. Que se diseminaran demasiadas noticias de sus milagros podría dar lugar a un movimiento político que distraería a Jesús de su misión como Salvador del mundo.

¿"Manejó" Jesús las noticias en cuanto a quién era y por qué vino? Absolutamente. No hacerlo significaba arriesgarse a arruinar todo lo que vino a hacer. En este punto crítico de su ministerio, ni sus líderes clave ni el público en general estaban preparados para que se anunciaran las "buenas nuevas". El momento llegaría. Jesús lo sabía y siguió seguro su camino hacia ese día. Mientras no llegaba

Cómo dar noticias 77

ese día, se mantenía firme en no querer una publicidad innecesaria.

Es importante notar aquí que al manejar la información, nunca se comprometió ni manipuló la verdad. Jesús nunca mintió, nunca distorsionó la verdad. Un liderazgo bueno *siempre* es un liderazgo veraz. Cómo y cuándo se usa la verdad es el tema de esta lección.

"La necesidad de saber" constituye la base del método que los líderes deben usar para manejar la información. La información importante se da principalmente a quienes y cuando la *necesitan* a fin de lograr el avance de la empresa. El pastor y los líderes de una iglesia pueden estar considerando la necesidad de mudarse a otro edificio. Dar a conocer esa información a toda la congregación antes de que se tomen decisiones importantes sobre el proyecto probablemente crearía confusión y preocupación innecesarias. El líder eficaz juzgará cuándo ha llegado el momento de que todos se enteren.

En el mundo de las empresas comerciales, un líder muchas veces sabe con bastante antelación cuándo habrá suspensión de personal. Cómo y cuándo se hace pública esa información determinará cómo impacta tanto a la empresa como a los empleados. El líder sabio y compasivo tratará de lograr el mejor equilibrio posible entre ambos. Orará mucho al verse ante estos tipos de decisiones.

Jesús vino a traer buenas nuevas, las mejores que puede haber. El modo como manejó el darlas a conocer debe ser instructivo para todo líder. Las buenas nuevas, la información positiva, como las malas y la negativa, tienen que ser manejadas de manera que produzcan el mayor bien posible. Jesús sabía que tenía que preparar el terreno antes de que las buenas nuevas fueran anunciadas para que todos las oyeran. Sabía que hacerlo en el momento justo era de suma importancia. Tenía un plan que incluía dónde y cómo las nuevas serían dadas a todos. El líder efectivo nunca da a conocer información fortuitamente.

Una de las lecciones sobre liderazgo que la vida de Jesús enseña es que las buenas nuevas son más poderosas no cuando se comunican una gota a la vez, sino cuando se anuncian de una manera importante, en un momento importante, al grupo de personas correcto. Para manejar las buenas noticias y la información con máxima efectividad es importante no guardarlas por demasiado tiempo. Cuando se filtran, aunque sea apenas un poco, las noticias empiezan a manejarlo a usted, entonces se ve obligado a reaccionar y responder en lugar de lo opuesto.

Jesús usó la información con mucho cuidado. La manejó. El uso de ella era una parte importante e integral de su plan. Estas son lecciones vitales para todo líder.

Capítulo 26
CÓMO PREPARARSE PARA LOS MOMENTOS DIFÍCILES
Marcos 8:31-38

Luego comenzó a enseñarles que era necesario que el Hijo del Hombre padeciese mucho, que fuese desechado por los ancianos, los principales sacerdotes y los escribas, y que fuese muerto y resucitado después de tres días.

Marcos 8:31

Jesús empezó a preparar a sus discípulos para los días extremadamente difíciles solo después de la gran afirmación de Pedro: "¡Tú eres el Cristo!" Ya habían comenzado a captar las buenas nuevas de quién era Jesús y por qué había venido. Ahora necesitaban comprender el costo involucrado, el precio a pagar, para ser parte de la misión de él. Para estas alturas, ya habían sido testigos de sanidades, de milagros de alimentación de multitudes, de echar fuera demonios y aun de su control sobre el estado del tiempo. Habían participado de las ocasiones cuando su Maestro confundió a los orgullosos fariseos con el poder de sus palabras. Ahora era necesario que se prepararan para los momentos difíciles inevitables.

Inevitable es aquí la palabra clave. El líder inteligente sabrá comprender que en cualquier operación humana de envergadura o magnitud habrá momentos difíciles. Las dificultades *sí aparecerán*. Los mejores líderes hacen todo lo que pueden a fin de preparar a sus seguidores para esas etapas de estrés. Las dificultades nunca deben tomarlos por sorpresa. En lo posible, las sorpresas deben siempre ser las positivas. Los seguidores jamás deben tener razón para decir: "Usted nunca nos dijo que esto sería así".

Al examinar el liderazgo de Jesús, vemos que él explicó clara y firmemente la gran promesa de su misión: "Os haré pescadores de hombres". Ahora tenía que explicar el gran precio a pagar, "que era necesario que el Hijo del Hombre padeciese mucho..."

Consideremos la frase *era necesario*. Contiene todo el peso de las profecías del Antiguo Testamento en cuanto a la venida de nuestro Señor. *Era necesario* nos recuerda que nada de lo que le sucedió a Jesús fue por casualidad. Todo fue predicho y ordenado antes por el plan misericordioso de Dios. Pero este "era necesario" lleva al sufrimiento, el dolor, la humillación y la muerte. ¿Puede eso ser el plan de Dios? Sí, puede ser y lo es, no solo para Jesús, sino para todos nosotros.

Habría mucho que se podría decir a estas alturas en cuanto a la teología correcta del sufrimiento. Pero lo siguiente es siempre cierto: Dios permite que el sufrimiento llegue a sus hijos, tarde o temprano a todos ellos. Aunque la salvación es gratis, el camino al cielo está pavimentado con muchos "peligros... trabajo arduo y fatiga".

Note también que Jesús fue muy específico al llegar a este punto. Era necesario "que... padeciese mucho, que fuese desechado por los ancianos, los principales sacerdotes y los escribas, y que fuese muerto". Los detalles específicos de su declaración sin duda han de haber quedado grabados en la mente de los discípulos. Una cosa es decir: "Tengo un mal presentimiento" y otra muy diferente decir: "El viernes a las 4 de la tarde seré electrocutado". El hecho que Jesús podía decir estas cosas revela algo de su dominio sobre las circunstancias y su confianza en sus discípulos. Aunque no entendían totalmente lo que quería decir, él "comenzó" a exponer el lado oscuro del futuro.

Por último, Jesús también mencionó la resurrección, realidad que los discípulos entendieron menos que su crucifixión. Como realmente no podían creer que sería muerto, no entenderían para nada la resurrección. Pero la sola mención de la resurrección era una manera de darles una esperanza definitiva a sus seguidores: "Hay una luz al final del túnel". Es de veras un túnel oscuro, pero ¡cuánta luz brilla desde la tumba vacía!

Los seguidores necesitan saber la relación entre riesgo y recompensa. Mientras mayor es el riesgo, mayor es la recompensa. También deben saber que los riesgos no se pueden evitar, así que no es una necedad arriesgarse en una causa grande y emocionante. Como dijo Jim Elliot, el gran mártir misionero: "No es necio el que da lo que no puede retener para ganarse lo que no puede perder". El líder actual tiene que articular ambos mensajes en formas coherentes y poderosas.

A medida que el líder sigue el ejemplo de Jesús, enseñará y demostrará las emocionantes posibilidades del esfuerzo al cual se ha dedicado. Los seguidores y seguidores potenciales verán realísticamente el lado positivo, las recompensas del éxito. Esto debe motivarlos y entusiasmarlos. No obstante, el líder a la larga, en el momento preciso, también explicará claramente lo que cuesta obtener ese éxito: "Para triunfar, todos tendremos que trabajar mucho y duro. Habrá que sacrificar largas horas y tiempo en viajes. No será fácil". Aun la posibilidad de un fracaso final debe ser considerada. "¿Saben una cosa? Nadie jamás ha intentado esto. Aun con el mejor de los esfuerzos, podría ser que no triunfáramos" son afirmaciones a considerar.

Conozco muy bien la filosofía que dice: "Ni siquiera pensaremos en la posibilidad de perder. No dejaremos que suceda". Eso se ve muy bien como eslogan en el vestuario del deportista, pero no es realista para la vida real. Ningún líder programa fracasar, pero muchos lo hacen. Todos fracasan en una etapa u otra. El mejor y más inteligente prepara para ello a sus seguidores a la vez que los lidera y motiva para lograr el éxito.

Jesús enseñó sobre el éxito tanto como sobre el fracaso. Explicó las recompensas a ser obtenidas y el costo involucrado en obtenerlas. Se aseguró de reducir a un mínimo las sorpresas desagradables. ¡Gran liderazgo!

Capítulo 27
AMOR QUE REPRENDE
Marcos 8:31-38

Pero él se dio vuelta, y mirando a sus discípulos reprendió a Pedro diciéndole: "¡Quítate de delante de mí, Satanás! Porque no piensas en las cosas de Dios, sino en las de los hombres".

Marcos 8:33

En nuestro mundo que no quiere ofender a nadie, "políticamente correcto", donde mejorar la autoestima de la persona es la meta más elevada del maestro y el líder, aun la palabra *reprendió* parece arcaica. Las teorías modernas sobre administración y liderazgo no apoyarían el tipo de reprensión potente, devastador, que Jesús dirigió a Pedro. Esta no era una invitación blanda para "sentarse y hablar del asunto" ni "veamos cómo podemos llegar a un consenso en cuanto a esto". No era un tipo de transacción basada en: "Yo estoy bien. Tú estás bien". Esta era una reprensión muy aguda, mordaz, expresada enérgicamente. La exclamación que Marcos incluye en el pasaje aparece allí para mostrar que era una pronunciación enérgica; y fue expresada en público. Aquí no se tuvieron en cuenta sensibilidades. La reprensión, aun una que duele, es un instrumento poderoso y valioso en la tarea de liderazgo.

Es importante ver en detalle la reprensión de Jesús a Pedro. Quizá lo más importante para notar es su rareza. Este tipo de reprensión, lejos de ser la modalidad del liderazgo de Jesús, fue singular. Esto aumentó más su gran efecto.

Conozco un director de una corporación que constantemente, todos los días, lanza reprensiones de la misma magnitud e intensidad que la que estamos considerando aquí. Hace rato que han perdido su impacto positivo. La gente se cansa de ellas y empieza a buscar otro empleo.

Por otro lado, me tocó jugar al baloncesto bajo un director técnico de modos amables. Casi nunca levantaba la voz. Pero, a veces, cuando nuestro equipo había perdido su concentración y disciplina, nos daba con todo. ¡Su reprensión de una vez era eficaz para todo el año! Los que las recibimos todavía hablamos de ellas cuarenta años después. La lección es evidente: Use con poca frecuencia una reprensión fuerte.

En segundo lugar, es importante discernir cómo es la persona que recibe la reprensión. Pedro —atrevido, temerario y seguro de sí mismo— podía recibir la reprensión y, aunque seguramente dolido, podría recobrarse y ser más fuerte que antes de la reprimenda. Jesús no reprendió a Pedro para destruirlo, sino para edificarlo. Sin embargo, este tipo de reprensión quizá hubiera destruido a Juan, un discípulo mucho más sensible. Reserve sus reprensiones más agudas para sus seguidores más fuertes. Úselas para edificar, no para destruir.

También, úselas donde puedan tener un efecto positivo no solo para la persona a quien van dirigidas. La Biblia dice: "Pero él [Jesús] se dio vuelta, y mirando a sus discípulos reprendió a Pedro". Reprendió a Pedro, pero es evidente que la lección era para todo el grupo. Podemos estar seguros de que los discípulos aprendieron mucho de la reprensión dirigida a Pedro.

Una de las lecciones más importantes y poderosas aquí es que Jesús, como líder, demostró que ninguno de sus seguidores estaba por encima de la reprensión y la corrección. Aun Pedro, que recibió la gran aprobación de Jesús, seguía siendo un seguidor sujeto a ser enseñado por el líder. En toda clase de iniciativas, los que se encuentran más cerca del líder a veces son los que más necesitan una reprensión, aun una pública. A veces necesitan que se "les pare el carro". En caso contrario, suceden cosas malas, cosas que hubieran podido prevenirse con una reprensión a tiempo y acertada.

Un excelente maestro de escuela primaria que cuenta con larga experiencia recordaba la época cuando la mala conducta se castigaba rutinariamente con una paliza, a veces frente a la clase, pero mayormente en el pasillo. ¿Por qué el pasillo? Porque el ruido de la paliza podía escucharse en muchas otras aulas. El maestro mencionó el silencio que reinaba entre los alumnos cuando él le propinaba tres manotazos en las nalgas a un tunante. "Con una paliza propinada a un muchacho podía hacer que otros 300 se sentaran derechos", dijo. La reprensión, cuando se da apropiadamente, beneficia a muchos otros además del que la recibe.

¿Por qué le habló Pedro a Jesús del modo que lo hizo? El versículo 32 dice que Jesús les hablaba "claramente" de los sufrimientos que le esperaban. Quizá Pedro sintió que estaba siendo demasiado audaz, demasiado honesto, demasiado directo. Quizá pensó que lo único que lograría Jesús sería desanimar a los demás. Quizá pensó para sus adentros: *Yo puedo aguantar esto, pero a Tomás no le va a gustar y Simón el Zelote va a querer empezar un disturbio en Jerusalén. Será mejor que le diga a Jesús que ya deje de hablar de su muerte por ahora.* Es digno de notar que Pedro encaró la situación correctamente. Tomó a Jesús aparte y le habló en privado, que es exactamente como un subordinado debe hablarle a un líder en este caso.

Es por esto que la reprensión de Jesús resulta tan inesperada. Estoy seguro que Pedro se quedó "helado". Parecía injusto y antipático; y lo hubiera sido, a no ser porque estaban en juego cuestiones realmente importantes. De haber sucedido todo como Pedro quería, la misión de Jesús no se hubiera cumplido; el propósito para el cual vino a la tierra se habría desbaratado.

Esto muestra qué fácil es que un líder clave —con buenas intenciones— se desvíe de lo que es central y desvíe de su curso a toda una organización. Jesús *tenía* que hacer lo que hizo, ofendiendo o no, y no solo por Pedro, sino por todos sus hombres, que probablemente estaban pensando lo mismo pero tenían miedo de expresarlo.

Por último, consideremos la frase: "¡Quítate de delante de mí, Satanás!" Parece increíblemente duro, y hasta cruel. Pero Pedro en realidad estaba repitiendo (sin saberlo) el intento anterior de Satanás en el desierto de apartar a Jesús de su misión de salvación. Al llamar a Pedro "Satanás", Jesús indicaba el origen de las ideas equivocadas de Pedro y, en un sentido, señalaba el camino hacia el perdón y la restauración. "Pedro, ¿no ves que *tengo* que morir? Si te opones a eso, en realidad estás haciendo la obra de Satanás. Si quieres seguirme, tienes que saber que terminaré sobre una cruz. No hay otro camino".

Supongamos que Jesús hubiera dicho: "¡Quítate de delante de mí, Pedro!" Eso habría sido mil veces peor porque hubiera sido un rechazo personal del hombre, no simplemente de sus ideas equivocadas. Así que detrás de esta dolorosa represión vemos la gracia de Dios.

Nunca se debe dar una represión pública a menos que sea por la más importante de las razones. La represión de Jesús a Pedro fue dada solo cuando la esencia misma de su misión era amenazada por Pedro. Correspondía dar una represión aguda, muy directa, que no dejara ninguna duda. Jesús la dio.

Entre las lecciones más importante sobre liderazgo es que Jesús se había "ganado" el derecho de dar una represión. Jesús había demostrado su cariño por Pedro desde el momento que lo llamó personalmente para que lo siguiera hasta la curación de su suegra, hasta haberle permitido ser testigo de muchos milagros, hasta seleccionarlo para impartirle enseñanzas especiales. Pedro tenía que ser consciente de que Jesús lo amaba y que aun esta clase de represión fue expresada con amor. Amor duro, quizá, pero amor al fin.

Al liderar, y al presentarse la necesidad de reprender, tenemos que estar seguros de que nos hemos "ganado" el derecho de hacerlo. Nuestro liderazgo debe ser de una duración suficiente como para que tanto la misión como nuestro cariño por nuestros seguidores sean claramente demostrados. Solo entonces debemos considerar el uso del tipo de represión de Jesús a Pedro.

Aun con todas estas condiciones, consideraciones y advertencias, el líder nunca debe olvidar la importancia de una represión. Puede ser que muchos no crean que sea una técnica correcta para el liderazgo, pero es efectiva. Jesús así lo demostró, y él es el líder más grande de todos los tiempos.

Capítulo 28
CÓMO HABLAR PARA INSPIRAR
Marcos 8:31-38

Y llamó a sí a la gente, juntamente con sus discípulos, y les dijo: "Si alguno quiere venir en pos de mí, niéguese a sí mismo, tome su cruz y sígame".

Marcos 8:34

Son demasiados los líderes que descuidan el arte de hablar en público para inspirar y desafiar. Esto es un error porque hablar en público es una habilidad que todos pueden desarrollar. Practicar, esforzarse y perseverar puede hacer que cualquier líder mejore como orador y, por lo tanto, sea un líder más eficaz.

Jesús usó el hablar en público, o sea la oratoria, como una de las principales herramientas de su liderazgo. Habló para instruir —como en el Sermón del monte y cuando llamó a sí a la gente para enseñarles sobre cosas limpias y cosas que contaminan—, y para inspirar y desafiar, como en el pasaje aquí citado. Era un orador consumado. Los líderes a través de las edades se han beneficiado de su ejemplo. Se dice que Abraham Lincoln, quizá el más efectivo de los oradores políticos norteamericanos, tuvo a los discursos de

Cómo hablar para inspirar

Jesús como inspiración para los suyos. El líder actual debe inspirarse en lo mismo.

Observe que la represión dolorosa a Pedro, aunque fue en presencia de los discípulos, *no fue* ante el público en general, que de cualquier manera no la hubiera entendido. Además, la programación de Jesús evidentemente es crítica. Primero se asegura de que sus hombres clave comprenden quién es él. Solo entonces explica el sufrimiento por venir. Y solo después de esto reprende a Pedro. Estas eran todas tareas "internas" que tenía que completar primero.

Observe el método que Jesús usó para conseguir la atención de la gente. Empieza con la realidad de su propia popularidad con las masas: "Si alguno quiere venir en pos de mí". Esto cobra sentido únicamente si la gente ya se sentía atraída a su causa. Pero, ¿qué pedirá? Renunciamiento y un camino de muerte.

"Tome su cruz" se ha convertido en una especie de proverbio en los círculos cristianos, tanto que olvidamos lo radical que ha de haber sonado en el siglo I. La cruz era un instrumento de tortura romana. A veces los caminos alrededor de Jerusalén estaban alineados con cientos de cruces de las que pendían muertos o moribundos, sus cuerpos hinchados en el sol, plagados de moscas , cubiertos de gusanos. No es un pensamiento lindo ni uno cuya intención sea ganar a las masas. No obstante, esa es la imagen que evoca Jesús.

En la época de Jesús, se les obligaba a los reos condenados a llevar la cruz al lugar de su propio ajusticiamiento. Aquí Jesús llama a los hombres a venir y morir sirviéndole. Olvidamos el impacto de sus palabras. Estaba llamando a sus seguidores a un esfuerzo heroico ante la oposición, el sufrimiento, el dolor y la muerte que eran cosa segura. No todos estarían dispuestos a pagar el precio. Al presentar Jesús el asunto tan realísticamente, de entrada, les comunica el sacrificio que se requiere de ellos.

Los grandes oradores saben que la gente responde a un desafío grande —aun al que involucra un enorme sacrificio personal— cuando (1) creen en la persona que presenta el desafío, (2) consideran que el desafío mismo vale la pena y

(3) el desafío no se recubre de "una capa de azúcar" sino que se explica en términos inequívocos e inolvidables. Son demasiados los oradores que hablan en indirectas y estiran las cosas cuando serían mucho más efectivos si dijeran menos y se limitaran a expresarse sencilla y directamente.

Una de las maneras más eficaces de mejorar como orador es tener a alguien de confianza que critique sus discursos. Asegúrese de que sea alguien que no le diga "sí" a todo, sino alguien con quien pueda contar que le dé sus opiniones honestas. Jesús no necesitaba tener un crítico. Él *sabía* lo eficaz que era. Ninguno de nosotros puede tener esa misma seguridad.

Sea un orador que desafía, que inspira. Es una habilidad que vale la pena desarrollar. Prepare sus presentaciones inspirándose en las de Jesús.

Capítulo 29
CÓMO CULTIVAR LEALTAD
Marcos 8:31-38

El que se avergüence de mí y de mis palabras en esta generación adúltera y pecadora, el Hijo del Hombre se avergonzará también de él cuando venga en la gloria de su Padre con los santos ángeles.

Marcos 8:38

Es interesante considerar el trasfondo de este versículo. Desde el punto de vista de los discípulos, había muchas razones para avergonzarse de Jesús. En primer lugar, le faltaba el apoyo de las autoridades religiosas y políticas y, por lo tanto, era un "intruso". Más que dirigir un levantamiento popular, presentó un reino espiritual que requería cosas como renunciamiento y tomar la cruz, un pensamiento aborrecible para los judíos del siglo I. Jesús mismo predijo su propio sufrimiento y muerte, factores que no incrementaban su popularidad con el público. Así que estas palabras distan de ser una hipérbole.

Como líder competente, Jesús sabía que sería fácil que sus hombres se dieran por vencidos y sencillamente se apartaran de él. Pero note la promesa implícita en sus palabras: Los que permanezcan a mi lado estarán conmigo cuando logre la victoria definitiva al final de los tiempos.

Por último, considere qué personal es esta apelación. Si se "avergüenzan" de mí, yo me "avergonzaré" de ustedes. Esto refleja el estrecho lazo que existe entre los mejores líderes y sus seguidores. Los grandes líderes generan una lealtad tan profundamente personal que un hombre preferiría morir a dejar que su héroe se avergonzara de él. Este es el tipo de desafío que llevó a más de 900 judíos a suicidarse en Masada. Es mejor morir por la causa que vivir en la vergüenza.

La lealtad, como la unidad con la cual está estrechamente ligada, es un absoluto, un imperativo de todo liderazgo. Es algo que el líder ha de esperar y en lo cual puede confiar. Sin lealtad, no hay en realidad una relación líder/seguidor. El líder debe cultivar y recompensar la lealtad y debe castigar y expulsar a los desleales. Esto puede parecer duro, pero es una lección de Jesús sobre liderazgo.

Lealtad no significa una devoción inconsciente, carente de sentido crítico. Eso es adoración, y nadie fuera de Dios es digno de ser adorado. El líder comete un grave error cuando practica un tipo de liderazgo que requiere cualquier tipo de sumisión. Cuando esto sucede, el liderazgo se ha degenerado y convertido en paranoia. Esto no es lealtad.

La lealtad se verifica principalmente fuera del grupo. A veces lo más leal que puede hacer el seguidor es no coincidir con el líder. Porque le importan tanto el líder como la misión, está dispuesto a decir: "Un momento, creo que estamos cometiendo una equivocación en esto. Le ruego que me explique por qué este sería el mejor procedimiento". Este tipo de preguntas, dirigidas al líder, no demuestra deslealtad. El líder inteligente debe estar dispuesto a contestar las preguntas sinceras y encarar los desacuerdos sinceros. Esto fomenta y mantiene tanto la lealtad como la unidad.

La deslealtad ocurre dentro del grupo cuando las preguntas y los desacuerdos no se postulan y se tratan abiertamente. Esto siembra desunión y debe reducirse a un mínimo. Y un tipo de deslealtad aún más serio ocurre cuando los seguidores no apoyan fuera del grupo al líder y a la misión, especialmente ante la competencia o la oposición. Este es el tipo de cosa contra el cual se advierte en este pasaje. Cuando un seguidor es desleal y denigra al líder o a la empresa fuera del grupo no es ya, en realidad, un seguidor y no debe ser tratado como tal. A menos que, y hasta que la deslealtad se haya encarado y la persona haya sido restaurada (como en el caso de Pedro más adelante), debe ser expulsado del grupo.

El líder no puede ni debe tolerar la deslealtad. Jesús no la toleró.

Capítulo 30

LIDERAZGO AUDAZ

Marcos 9:1

También les dijo: "De cierto os digo que hay algunos de los que están aquí presentes que no gustarán la muerte hasta que hayan visto que el reino de Dios ha venido con poder".

Marcos 9:1

El suceso específico predicho aquí evidentemente es la transfiguración, que tuvo lugar seis días después. Este es un caso cuando Jesús sabía algo que los discípulos no hubieran podido prever. No tenían ninguna razón para pensar que un evento como la transfiguración estaba por ocurrir. Lo más probable es que hayan interpretado los comentarios de Jesús como una referencia al establecimiento final del reino de Dios sobre la tierra.

La coordinación de los acontecimientos es importante. En los versículos anteriores tenemos la confesión de Pedro, la represión de este por parte de Jesús, el reto a tomar la cruz, el llamado a una consagración total y el desafío a ser personalmente leales. El camino está ahora allanado, por así decirlo, para la porción final del ministerio público de Jesús. En el lenguaje de los corredores, Jesús está tomando la última curva para la recta final. Al hacerlo, ofrece (por medio de la transfiguración) un vislumbre de su gloria final

Liderazgo audaz

cuando vuelva como Rey sobre toda la tierra. Esa experiencia vital cobrará mayor importancia a medida que aumente la oposición y con el devenir de los días finales de Jesús en medio de controversias, sufrimientos y la muerte.

Así que podemos decir que Jesús, sabiendo lo que le depara el futuro, escoge un momento oportuno para hacer una declaración audaz —la cual sus hombres no comprenderían inmediatamente— que lleva a una experiencia que los prepararía emocionalmente para los momentos difíciles que les esperaban.

El liderazgo más poderoso y efectivo es el liderazgo audaz. No es impulsivo. No promete lo que no puede cumplir. No se da a actuaciones para engrandecerse, que sirven principalmente para alimentar el ego personal. Así como Jesús usó esta ocasión para hacer una declaración audaz y poderosa, el líder inteligente buscará ocasiones en que pueda hacer sus propias declaraciones prudentes, pero poderosas y provocativas.

Dave Dixon, el empresario deportivo imaginativo y original, hizo dos de las declaraciones más audaces jamás hechas en el deporte estadounidense. La primera fue que íbamos a construir el estadio deportivo más grande del mundo. Lo hicimos: el "Superdome" en Nueva Orleáns. La segunda fue, en cierta forma, todavía más audaz. Me encontraba de visita en su casa cuando, sin decir agua viene, se volvió hacia mí y dijo: "Bob, tú y yo vamos a tomar al tenis y lo vamos a convertir en uno de los mayores deportes mundiales para espectadores". Lo dudo, Dave. Ninguno de los dos habíamos siquiera visto un partido oficial de tenis, pero Dave Dixon era el tipo de líder audaz que convertía sus declaraciones audaces en realidades audaces. De hecho, "nos hicimos cargo" del tenis; y el circuito de tenis profesional mundial de más de 100 millones de dólares es el resultado de lo que hicimos. El líder audaz hace declaraciones deliberadas, audaces que motivan y movilizan a sus seguidores para que las conviertan en realidad.

Aun con todo lo audaz que era, Jesús nunca prometió más de lo que cumpliría. En esto, como en todo, él debe ser nuestro ejemplo.

Capítulo 31
POR QUÉ ES IMPORTANTE LA INTIMIDAD
Marcos 9:2-8

Seis días después, Jesús tomó consigo a Pedro, a Jacobo y a Juan, y les hizo subir aparte, a solas, a un monte alto y fue transfigurado delante de ellos.

Marcos 9:2

Marcos no nos dice por qué Jesús escogió a Jacobo, a Pedro y a Juan para que lo acompañaran al monte alto. Definitivamente parecen haber sido parte del círculo íntimo desde el principio de su ministerio. Se contaban entre sus primeros seguidores, habían presenciado algunos milagros que los demás no habían visto, y siempre eran mencionados primero en cada listado de los apóstoles. Esto sugiere que Jesús estableció desde el comienzo una relación estrecha con estos tres, una relación que el resto de los discípulos reconocían aunque no la entendían totalmente.

Notemos que Jesús aparentemente no da ninguna razón de por qué escogió a estos tres y no a los demás. Ciertamente los consideraba representantes de los otros y sabía

Por qué es importante la intimidad

que les contarían lo que había pasado en el monte. Ya para esta etapa del ministerio de Jesús los otros nueve sabían que Jacobo, Pedro y Juan tenían una relación estrecha con el Señor, por ende, no había necesidad de explicaciones. En cualquier caso, ningún líder puede jamás explicar totalmente por qué se siente atraído a una persona y no a otra. En la mayoría de los casos, es mejor ni tratar de explicarlo.

Más líderes han fracaso por falta de intimidad que por cualquier otra causa. Los líderes, no importa lo brillantes que sean, acortan su ministerio o logran menos de lo que de otra manera lograrían cuando no establecen relaciones estrechas con unas pocas personas clave, un núcleo de sus seguidores. Me he encontrado en situaciones en que seguidores, incluyéndome a mí, buscaban una relación más cercana con un líder, no para beneficiarse ellos mismos, sino por el bien del líder y por el bien de la causa, solo para ser rechazados. Cada vez que un líder trata de "andar solo", no se logra lo máximo.

La propia naturaleza del liderazgo requiere cierta distancia entre el líder y el grueso de sus seguidores. Es imposible liderar y ser muy amigo de todos. No obstante, la propia naturaleza del liderazgo requiere también una relación estrecha e íntima caracterizada por cierto grado de vulnerabilidad con al menos *algunos* seguidores. Además, cuanto más exigente, compleja y estresante es la actividad en que están empeñados, más se hace necesario contar con un núcleo interno. Ciertamente las iglesias, escuelas, equipos y casi todos los negocios, requieren que el líder desarrolle una cercanía con un grupo núcleo a fin de *producir* un éxito máximo para todos los involucrados. Aceptar que para estar en la cima hay que estar solo es aceptar un estilo de liderazgo que rendirá menos de lo que debe.

Los pastores, aun los de iglesias grandes, se cuentan entre los líderes a quienes más difícil les resulta establecer relaciones estrechas, honestas, afectuosas con un núcleo interno de creyentes. En algunos casos, cuanto más dotado es el pastor en el ministerio de la predicación, mayor es la posibilidad de que se aísle cada vez más de los demás. De todos los líderes, los pastores son los que más necesitan este tipo de compañerismo, apoyo y crítica honesta que pueden obtener de un círculo pequeño e íntimo.

Los líderes que temen la intimidad buscan miles de excusas para evitarla. Una de las más comunes, particularmente en las iglesias, es: "No puedo mostrar favoritismo acercándome a un grupo de personas. Tengo que tratar a todos igual". Esto no solo es una tontería, es también contrario a lo que enseña la Biblia.

Los resultados de la inversión de Jesús en una relación particularmente estrecha con Pedro, Jacobo y Juan son muy evidentes. Jacobo fue el primer discípulo ajusticiado por su fidelidad a Cristo. Juan, más adelante, escribió su Evangelio, tres cartas que llevan su nombre y el maravilloso libro de Apocalipsis. Pedro, junto con Pablo, fue el líder más importante de la iglesia. Todos los discípulos, en un momento dado, llegaron a ser líderes de la iglesia primitiva, pero estos tres estarían en la primera fila. Jesús lo sabía y los escogió para que compartieran con él la íntima experiencia de la transfiguración.

El líder tiene que formar un grupo núcleo de seguidores al cual le puede contar sus confidencias y del cual puede esperar una retroalimentación honesta y un apoyo de todo corazón. Formar este núcleo no es fácil. Habrá tropezones. Algunos de los seleccionados quizá no estén listos para el tipo de relación que se requiere. Puede haber dolor. Sea como fuere, vale la pena. En realidad, ejercer un liderazgo duradero de calidad no es posible sin él.

Capítulo 32

EL PODER DE LA APROBACIÓN EXTERNA

Marcos 9:2-11

Vino una nube haciéndoles sombra, y desde la nube una voz decía: "Este es mi hijo amado; a él oíd".

Marcos 9:7

Jesús tenía una razón especial para que Pedro, Jacobo y Juan lo acompañaran, vieran la transfiguración y oyeran la voz desde la nube. Jesús continuamente les daba una base para creer las cosas maravillosas que él les contaba. Particularmente, los estaba preparando para los momentos insoportables que se acercaban cada vez más. Menos mal que lo hizo. Aun con todos los milagros realizados en su presencia, aun con la enseñanza brillante que habían oído de él y con esta experiencia abrumadora, trascendente de la transfiguración, la fe de ellos vaciló y se apagó o, por lo menos, disminuyó muchísimo en el momento de su arresto y crucifixión.

Es evidente que la transfiguración tuvo un tremendo impacto sobre Pedro, quien la mencionó treinta años después, hacia el final de su vida. En 2 Pedro 1:16-18, Pedro recuerda este evento portentoso y lo usa como argumento en favor de la verdad del evangelio. Él *sabe* que el evangelio es cierto porque escuchó la voz del cielo, una voz que nunca podría olvidar. Por lo tanto (argumenta), sus palabras son dignas de confianza porque él estuvo allí como testigo en el monte alto. Él vio lo que pasó; escuchó la voz de Dios. Es tan real para él ahora que es anciano como lo fue el día que la oyó.

Esta es *exactamente* la razón por la cual Jesús llevó a Pedro al monte alto. Quería que Pedro nunca olvidara ese momento, y nunca lo olvidó. En esto consiste un gran liderazgo: en un perfecto sentido del momento apropiado y la creación de una impresión que duraría mucho después de que el líder ya no estuviera presente.

El líder necesita aumentar su categoría entre sus seguidores no para engrandecerse a sí mismo ni para satisfacer su propio ego. Esto tiene que lograrse principalmente por una dedicación evidente a ellos y a la misión que comparten. No obstante, el líder inteligente buscará también oportunidades para que fuentes externas confirmen su valor ante sus seguidores.

Cuando al líder le piden que presente un mensaje a un grupo de afuera, es importante que lo acompañen uno o dos seguidores a fin de que vean la estima en que es tenido su líder por personas fuera de su grupo. Así como han de haberlo hecho Pedro, Jacobo y Juan, comentarán a los demás seguidores lo que han visto y oído. Si el líder recibe un reconocimiento significativo, como un premio industrial o un doctorado honorario, esta es una gran oportunidad para que los seguidores hagan acto de presencia y, de ser posible, participen.

Una de las razones más importantes por las cuales un líder puede dar reportajes a los medios de difusión, o por la cual acepta escribir artículos a ser publicados es hacer posible que los seguidores lean o escuchan lo que escribió o dijo. Los que están dentro de la organización forman un público muy importante. "Oye, ¿viste lo que decía ese artículo en el periódico acerca del jefe?" o "¿Viste al patrón anoche en TV?" son los tipos de comentarios que ayudan a cimentar la posición del líder entre sus seguidores.

El poder de la aprobación externa

Como sucede con todo, es necesario tener equilibrio y discernimiento. El líder no quiere ser visto como un "busca publicidad". Pero en modos reflexivos, medidos y con la meta de fortalecer su liderazgo y adelantar la causa, una demostración externa de aprobación es valiosa.

Por supuesto, Jesús era todo lo contrario a un egocéntrico. Pero se aseguró de no pasar por la experiencia de la transfiguración solo. No quería "desperdiciarla" como experiencia de enseñanza para sus seguidores. Esta es una lección importante para que cada líder aprenda.

Capítulo 33
QUIERE QUEDARSE EN EL MONTE ALTO
Marcos 9:2-12

Pedro... dijo a Jesús: "Rabí, es bueno que nosotros estemos aquí. Levantemos, pues, tres enramadas: una para ti, otra para Moisés y otra para Elías".

Marcos 9:5

Como Pedro, ¿no hubiésemos preferido quedarnos en aquel monte alto y disfrutar de la presencia del Señor? En defensa de Pedro: ¿A quién no le hubiera gustado quedarse un tiempo más cuando sucedían cosas tan inauditas?

Piense en la escena. Se encuentran en la cima de la montaña cuando, de pronto, Pedro ve a Jesús radical y maravillosamente transfigurado. Luego, súbitamente, aparecen Moisés y Elías. Eh, ¿qué hacen estos señores aquí? Resulta evidente que la presencia de ellos sirve para confirmar que Jesús es ciertamente el Mesías prometido en el Antiguo Testamento. No aparecieron para beneficio de Jesús, sino para el de Jacobo, Pedro y Juan.

La reacción de Pedro es comprensible en vista de lo que está pasando. No tiene ni la más remota noción de lo que todo eso significa, pero su primer comentario es muy cierto:

Quiere quedarse en el monte alto

"Es bueno que nosotros estemos aquí". La mayoría de los comentaristas sugieren que la idea de las enramadas que mencionó Pedro fue un intento por disfrutar de la gloria de Cristo sin pasar por los sufrimientos que debían precederla. Podríamos decir que su impulso es comprensible pero claramente equivocado porque Jesús ya les había dicho que el sufrimiento debía preceder a su venida en gloria.

Siempre hay un tiempo para trabajar y después hay un tiempo para disfrutar los frutos de su labor. Primero la cruz, luego la resurrección, es siempre el método de Dios. El orden nunca puede ser a la inversa. A Pedro le costaba mucho aceptar la realidad de que su Maestro tendría que morir, así se aferraba a cualquier razón posible para evitar ese terrible momento. Era su sentido de amor y lealtad expresado inapropiadamente lo que le hacía buscar esas salidas, y es por esto que Jesús aun en sus más severas reprensiones nunca rechaza a Pedro sino que lo vuelve a encaminar en la misión. Esto significa disfrutar de la montaña mientras estamos allí y, a la vez, comprender que tarde o temprano tenemos que volver al valle donde nos espera la cruz.

El éxito y la prosperidad afectan a distintas personas de distintas maneras. A algunos, el éxito les abre el apetito y les da más energía. A otros, el éxito les produce autosatisfacción y una conformidad debilitante. El verdadero líder, particularmente el de una iglesia, no se encuentra en ese lugar para administrar el status quo sino para guiar hacia nuevas alturas y nuevas victorias.

Desafortunadamente, es en la iglesia donde esto parece ser más difícil. No existe otro segmento de la sociedad donde el conformismo sea más problema que en ella. En la mayoría de las iglesias las discusiones más intensas en este momento son ¡sobre estilos de adoración! Debieran ser sobre alcanzar a las almas perdidas, sobre ser "sal", sobre hacer discípulos. Esta es la versión contemporánea de: "Levantemos, pues, tres enramadas". El líder vigoroso, robusto, del tipo cuyo ejemplo nos fue Jesús, nunca cede a este tipo de conformismo, sino que encara la situación y la pone en marcha o se marcha él a otra parte. A la vez que vigila para notar el conformismo en sus seguidores, el líder debe también vigilarse cuidadosamente él mismo en este sentido.

Al ir bajando la montaña con sus discípulos, Jesús les enseñó y los capacitó aún más para la tarea que tenían por delante. La asombrosa magnificencia de la transfiguración brindó el sublime momento apto para el aprendizaje. Jesús lo aprovechó al máximo. Se aseguró de que los tres supieran que era hora de marchar. El, Jesús, estaba con ellos, y él era todo lo que necesitaban para seguir adelante con su obra.

Esto es liderazgo auténtico. Los líderes de la actualidad, particularmente los de las iglesias, necesitan ayudar a los seguidores a comprender que *hoy* es el día de salvación. No solo ha venido ya Juan el Bautista; Jesús ya ha venido y realizado su portentosa obra y el Espíritu Santo ya ha venido, trayendo poder y dirección. Este no es el momento de levantar tres enramadas y quedarse. Este es el momento de marchar hacia adelante con fe, con vigor y gran determinación.

Capítulo 34

CÓMO CONTROLAR EL FLUJO DE INFORMACIÓN
Marcos 9:2-12

Mientras descendían ellos del monte, Jesús les ordenó que no contaran a nadie lo que habían visto, sino cuando el Hijo del Hombre resucitara de entre los muertos. Y ellos guardaron la palabra entre sí, discutiendo qué significaría aquello de resucitar de entre los muertos.

Marcos 9:9, 10

Los discípulos no podían entender lo que significaba "resucitar de entre los muertos". A nosotros nos resulta claro, pero eso es porque vivimos de este lado de la tumba vacía, y lo aceptamos por fe. Ninguno de nosotros ha visto jamás a alguien físicamente resucitar de entre los muertos. Los discípulos estaban desorientados, quizá preguntándose si Jesús se refería a alguna resurrección general de los muertos al final de los tiempos o si la frase significaba un tipo de "resurrección espiritual". A estas alturas, sencillamente no tenían manera de captar el concepto de la muerte personal de Jesús y su resurrección física, corporal, aunque él había predicho ambos sucesos.

Algunas cosas son imposibles de entender mientras no

se consideren dentro del debido contexto. La transfiguración, en aquel momento, parecía un suceso asombroso. No "encajaría" sino hasta después de que Jesús resucitara de entre los muertos. Fue entonces, y solo entonces, que los discípulos la comprendieron como una prefiguración del regreso definitivo de Jesús a la tierra en poder y gran gloria.

Jesús sabía que los tres discípulos no podían entender la transfiguración y su significado, y de ninguna manera podían comunicar correctamente su significado a los demás en ese momento. En este pasaje, nuevamente vemos a Jesús "manejando" el flujo de noticias e información. Es obvio que tenía una comprensión absoluta y perfecta de cuándo sería el momento apropiado y cómo aprovechar al máximo la realidad presente. El líder de hoy necesita seguir este ejemplo al máximo.

Jesús provee una modalidad ideal para que los líderes emulen. Dar a conocer información que no se puede comprender totalmente, cuyas implicaciones no son claras, es crear duda y confusión en lugar de confianza y un progreso ordenado. El líder competente necesita comprender cuán valiosa, aun inestimable, es la información. Tiene que ser considerada como un recurso de corta duración, a ser usada en su apogeo, y no antes de él.

Este concepto se comprende tan bien en los círculos financieros que existen leyes muy estrictas que gobiernan el dar a conocer una información. En la década de 1980, varios destacados financistas fueron a dar a la cárcel por hacer mal uso de cierta información y por manipular el cronometraje de darla a conocer para su propio beneficio y en detrimento de terceros. Las corporaciones que tienen anuncios importantes que hacer esperan al cierre de la bolsa de valores antes de hacerlos, dando tiempo para que todos reciban la información y reaccionen de un modo ordenado.

Jesús usó la información y las nuevas que él generaba en maneras que harían adelantar su causa, la causa más noble jamás concebida. Con Jesús como su ejemplo, el líder sabio trabajará continuamente para pulir las habilidades relacionadas con la comunicación.

Capítulo 35

LA LIBERTAD DE FRACASAR

Marcos 9:14-29

Y dondequiera que se apodera de él, lo derriba. Echa espumarajos y cruje los dientes, y se va desgastando. Dije a tus discípulos que lo echasen fuera, pero no pudieron.

Marcos 9:18

El líder inteligente reconoce la importancia de dar a sus seguidores algunas opciones para fracasar, sabiendo que el fracaso generalmente es mucho mejor maestro que el éxito. Después de todo, si los discípulos hubieran hecho este milagro ellos mismos, quizá se hubieran llenado de orgullo. Al dejarlos fracasar —y de un modo muy público— Jesús los humilló y los obligó a estar dispuestos a escuchar lo que él tenía que decir.

Observe también que este "fracaso" sucede inmediatamente después de la transfiguración. Es un recordatorio de que "las experiencias cumbre" no pueden sustituir a la fe sencilla en Dios, tal como uno la expresa al orar creyendo. Quizá "los señores" estaban un poco engreídos después de que Pedro, Jacobo y Juan contaran lo que habían visto y oído. De ser así, el fracaso humillante los volvería enseguida a la realidad.

A veces el líder tiene que dar a su gente oportunidades para tener éxito o fracasar por sí mismos, y luego estar listo para ayudarles suceda lo que suceda. A veces tenemos que dejar caer de cabeza a nuestra gente en frente de muchas personas lo cual, por implicación, probablemente nos dé vergüenza a nosotros también.

Mantenga la meta a la vista. Quiere usted formar líderes que se reproduzcan en otros, lo cual significa actuar decididamente aun a riesgo de algún fracaso ocasional.

Capítulo 36
AVIVE LA FE
Marcos 9:14-18

Jesús le dijo: ¿"Si puedes..."?
¡Al que cree todo le es posible!

Marcos 9:23

Una y otra vez Jesús demuestra el poder de las palabras: las palabras apropiadas para la ocasión apropiada. Constantemente nos muestra que el liderazgo es más que títulos, gráficas y directivas. Un liderazgo, para lograr sus propósitos más elevados, tiene que basarse en una comunicación inspirada e inspiradora.

Decirle a alguien que sea un líder inspirador es como decirle a alguien que sea más alto. Es la salida fácil, es el punto de vista fatalista. Es cierto que algunas personas tienen más facilidad que otras de ser inspiradoras, pero todos podemos aumentar la capacidad innata con que contamos.

Tenemos que trabajar en la inspiración para ser inspirados. Necesitamos ser conscientes de la necesidad de agregar la comunicación inspiradora a nuestra lista de habilidades para el liderazgo. Necesitamos "ir a la escuela" de los líderes inspiradores del pasado. Esto es lo que estamos haciendo con este libro. Estamos estudiando al líder más inspirador de todos los tiempos: Jesús.

Una de las cosas que Jesús nos enseña sobre la comunicación inspiradora es que para ser efectivos tenemos que estar presentes. Esto puede parecer tan obvio que hasta suena ridículo. No obstante, muchos de los líderes actuales no hacen acto de presencia en los momentos oportunos cuando podrían ofrecer una palabra inspiradora.

¿Cuántas veces leemos o escuchamos que "el representante (o vocero) de tal o cual persona desea dar el siguiente comunicado..."? En esas ocasiones no puedo menos que preguntarme: "¿Dónde está el principal? Quiero saber lo que dice y cómo lo dice". Muchas veces el líder se pierde la oportunidad de tener el impacto que pudiera por el hecho de no hacer acto de presencia en situaciones cruciales. Esconderse detrás de un "vocero" es fácil, pero no productivo.

Pienso que muchos líderes optan por no hacer su aparición porque no han practicado ni se han preparado para las ocasiones cuando la empresa sería mejor servida con la presencia de ellos. Es evidente que Jesús estaba muy bien preparado. En un sentido terrenal, había estudiado las Escrituras, la base para casi todos sus comentarios públicos. Se "había hecho presente", aun siendo muchacho, para un intercambio de opiniones con los líderes de su época.

Es muy cierto que el líder necesita ser selectivo en cuanto a hacerse presente personalmente. Jesús demostró esto con brillantez al usar a Juan el Bautista para abrir el camino. La clave aquí es la frase "abrir el camino". Un vocero es de mayor utilidad cuando actúa de modo que quita todos los escollos a fin de que el líder pueda tener éxito al presentar un mensaje importante. Si Juan el Bautista hubiera tenido la última palabra en lugar de preparar el camino para que Jesús la tuviera, el plan y el mensaje habrían quedado inconclusos.

En el pasaje que consideramos, Jesús usó la expresiva frase "¿Si puedes?" como medio para despertar la fe latente del padre. A veces el líder reconoce las potencialidades de otros que ellos mismos no ven ni sienten. La cuestión no es el anhelo del padre de que su hijo sea sanado: eso se sobreentiende por el hecho de haber traído a su hijo a los discípulos. Pero, ¿pondrá su fe solo en Jesús o el fracaso de los discípulos lo habrá desanimado tanto que ya no cree en nada?

La respuesta del padre me resulta honesta y alentadora. Todos decimos alguna vez: "¡Creo! ¡Ayuda mi incredulidad!" Toda fe auténtica es una mezcla de fe e incredulidad. Aun así, esa poca fe era más que suficiente para que Jesús realizara el portentoso milagro de sanidad.

Una vez más vemos al líder más grande del mundo avivar la fe de un hombre que ni sabía que la tenía. Lo único que hizo falta fue una pequeña frase —una sencilla pregunta— una "palabra dicha a tiempo" por el Maestro.

Uno no tiene que hablar mucho. A veces, solo unas pocas palabras dichas a tiempo pueden obrar maravillas.

Capítulo 37
ÚNICAMENTE CON ORACIÓN
Marcos 9:14-29

Él les dijo: "Este género con nada puede salir, sino con oración".

Marcos 9:29

Considerar las lecciones de Jesús sobre liderazgo y no incluir la importancia de la oración sería inconcebible. La oración era una de las partes más importantes de su vida y enseñanza. No apreciar esto totalmente es tener una imagen incompleta y distorsionada de cómo Jesús vivió y lideró.

Él usó la oración de diversas maneras. Todas deben resultarnos instructivas. En primer lugar, él era un hombre de oración. Oraba tanto en privado como en público. Usaba la oración para ordenar su día. En Marcos 1:35, encontramos que Jesús se levantó muy de madrugada , "todavía de noche", para orar. Era parte de la disciplina de su vida. En el ajetreo del mundo actual el líder puede usar la oración como una manera de estructurar y enfocar el día. Esto no es decir que la oración no sea poderosa, importante y nece-

Únicamente con oración

saria en sí. Pero dos maneras clave de usar la oración es empezar con ella cada día y terminar las ocupaciones del día en oración.

Segundo, Jesús fue un *ejemplo* de un hombre de oración. Sus discípulos, los que guió, tienen que haberse sentido impresionados por esto. Veían la parte vital que la oración cumplía en su vida, dándoles aún más confianza en él al seguirlo.

Aun en el mundo cínico de hoy, creemos que los seguidores en cualquier esfera de la vida tendrán más confianza en un líder para quien la oración es parte de su vida. Es cierto que habrá los que se burlan. Con un revés en los negocios, no faltará quien comente: "Bueno, parece que las oraciones del viejo no nos ayudaron con esto". Al no alcanzar la meta de recaudación de fondos, seguro que el comentario de todos será algo así: "Quizá hubiéramos tenido que trabajar más y orar menos". A pesar de todo esto, la mayoría prefiere tener como líder a un hombre o una mujer de oración.

Jesús también enseñó sobre la oración. El mejor ejemplo es el Padre Nuestro. A algunos les parecerá arcaico o de mucha espiritualidad enseñar sobre la oración en el ambiente actual. Por supuesto que la oración *es* espiritualidad. Esa es una de las razones más importantes para recomendarla.

Son más y más las personas de toda condición que buscan lo trascendente. Todo el entusiasmo e interés en las cosas seudoespirituales del movimiento Nueva Era lo evidencian. El líder que enseña lo fundamental sobre la oración auténtica al Dios auténtico no puede equivocarse.

En el versículo clave Jesús demostró la necesidad absoluta de la oración en ciertas situaciones. Habrá momentos cuando lo más apropiado que el líder pueda decir será: "Sin la intervención de Dios, esto no sucederá". Algunas cosas solo pueden llegar a ser una realidad por medio de la oración. Jesús pareció indicar que de cuando en cuando nos encontraríamos ante "este tipo" de problema, una situación tan abrumadora que sencillamente nos desgasta totalmente. Dios deja que tengamos "este tipo" de problemas a fin de que aprendamos y recordemos siempre que debemos depender únicamente de Dios.

La soledad y el aislamiento son los problemas principales para la gente de negocios, particularmente la que tiene que viajar y estar lejos de su familia. El líder sabio le mostrará a su gente clave que la manera más eficaz de combatirlos es con la oración. Me tocó ser uno de los primeros norteamericanos en ir a China después del final de la terrible "Revolución Cultural" en aquel país. Iba, no como norteamericano, sino como directivo de una organización deportiva internacional. (Esto fue antes de que hubiera allí una embajada estadounidense). Una condición para entrar al país era que fuera solo; los chinos se sentían muy recelosos de los extranjeros en ese momento.

La noche antes de que tomara el avión del gobierno chino en Tokio para volar a Beijing, Akio Morita, el legendario fundador de la compañía Sony, tuvo la gentileza de regalarme una de las radios de onda corta más sofisticadas de Sony para que la llevara. Me dijo: "En cuanto suba al avión chino quedará cortado de toda comunicación. No podrá comunicarse con nadie fuera de China. Con la radio por lo menos podrá escuchar a personas fuera de China".

El señor Morita se equivocaba. En el aislamiento de China pude comunicarme con mi Padre celestial más fácil y directamente que nunca. No tenía teléfono ni fax, pero la oración hizo aún más que sustentarme durante esos extraños días. Extrañaba a mi familia y a mis amigos, pero la oración venció la soledad.

No existe sustituto para la oración, especialmente cuando enfrentamos los problemas imposibles de la vida.

Capítulo 38
EL CÍRCULO ÍNTIMO
Marcos 9:30-32

*Habiendo salido de allí, caminaban por Galilea.
Él no quería que nadie lo supiese,
porque iba enseñando a sus discípulos...*

Marcos 9:30, 31a

Hay líderes que resienten el tiempo quitado al "trabajo de verdad" para enseñar y capacitar a los que lideran. En nuestra propia compañía tenemos que luchar contra la tendencia de programar sesiones de "trabajo" aun durante nuestros retiros corporativos. Razonamos que no podemos darnos el lujo de quitarle tiempo a las actividades básicas de nuestra empresa.

El líder tiene que aprender de Jesús. Su ejemplo muestra que la enseñanza no es una interrupción de la misión, sino que *es la misión*. Cuando el líder internaliza esto y lo hace el centro de su estilo de liderazgo, logra mucho adelanto. El líder discerniente, eficaz, se asegurará de que la enseñanza tenga la más alta prioridad posible.

La lógica popular diría que al recorrer Galilea, Jesús hubiera tenido que aprovechar las oportunidades para hablar a las multitudes que tan fácilmente podía atraer. Haga su presentación, venda el producto, influencie a las masas, haga que los números cuenten, llévelo a las calles: muchos líderes consideran con frecuencia todo esto como un imperativo.

Vemos a Jesús adoptar el método exactamente opuesto. Se apartó de la multitud de "clientes" potenciales a fin de enseñarle a su pequeño grupo. ¡Qué lección poderosa, potente, acertada para todos los líderes!

Porque Jesús dio una más alta prioridad a enseñarles a sus discípulos que a comunicarles el mensaje a las masas, incontables millones alrededor del mundo a lo largo del tiempo han sido bendecidos. Los actos maravillosos que los discípulos pudieron hacer después que Jesús los dejara fueron el resultado del hecho de que Jesús le dio primera importancia a enseñarles. La iglesia que bendice al mundo hoy, y que seguirá haciéndolo hasta que Jesús vuelva, es el resultado de esta estrategia.

Jesús estaba *volviendo a enseñar* lo que ya había enseñado anteriormente. A los discípulos les costaba captar cómo el sufrimiento y la muerte (y menos aún la resurrección) podían caber dentro del plan de Dios para Jesús. Varios comentaristas notan que los tres Evangelios sinópticos enfatizan que cuanto más se acercaba Jesús a su semana final en Jerusalén, más tiempo dedicaba a enseñarles a sus discípulos en privado. Esto llegaría a su punto culminante con su gran discurso en el aposento alto (Juan 13—17) la noche antes de morir.

Da la impresión que los discípulos tenían miedo de preguntarle acerca de su próxima muerte y resurrección. Quizá pensaban que el tema era demasiado mórbido. A lo mejor no sabían qué preguntar o quizá temían que los reprendiera como había reprendido antes a Pedro. A estas alturas, resulta instructivo el que Jesús se contentara con simplemente reiterar sus enseñanzas anteriores. Sin duda él sabía de la confusión de ellos, pero no trató de "forzar la cuestión". La enseñanza paciente, repetida por algún tiempo, les ayudaría, tarde o temprano, a comprender. Pero al final, su fe sería severamente probada —y aun destrozada— por

El círculo íntimo 117

su muerte. Ninguna enseñanza, por mucha que fuera, podía prepararlos plenamente para lo que vendría.

Jesús en este momento les da hasta donde están preparados para recibir. Más adelante les enseñará más. Pero por el momento deliberadamente deja algunas preguntas sin contestar. Esta es también una buena estrategia para el liderazgo.

La comunicación masiva y la tecnología en constante avance, que hace que éstas sean más y más poderosas, deben ser aprovechadas por las empresas de hoy. Debemos usar estas herramientas lo más eficazmente posible. No obstante, es más importante recordar que la enseñanza más efectiva siempre se basa en esta regla: "Menor es la cantidad, más poderosa es la comunicación".

Jesús predicó a las masas, pero *enseñó* a sus discípulos. Reservó sus enseñanzas más importantes para apenas tres de estos: Pedro, Jacobo y Juan. Cuando quería estar seguro de que entendían un punto importante, se dirigía a ellos individualmente.

El líder necesita estar seguro de que a la vez que utiliza todas las herramientas de comunicación a su alcance, está dando la más alta prioridad posible a enseñar a los que se encuentran más cerca de él. Tiene que planificar esos momentos cuando "no quiere que nadie sepa donde está" a fin de poder enseñarles. Nada de teléfonos, de faxes, de correo electrónico, de planes de trabajo: solo enseñanza.

Los resultados de este tipo de prioridad en la enseñanza será de largo alcance y de gran amplitud. Es el modo como lideró Jesús.

Capítulo 39
EL LÍDER SIERVO
Marcos 9:33-37

Si alguno quiere ser el primero, deberá ser el último de todos y el siervo de todos.

Marcos 9:35b

Después de todo lo que Jesús había dicho y hecho, después de todos sus milagros y repetidas enseñanzas, ¿de qué hablaban estos señores en el camino? Discutían sobre quién de ellos era el más importante. ¡Increíble!

En la sociedad judía de aquel tiempo —como la mayoría de las sociedades en todas las épocas— se hacía un enorme énfasis en el poder, la posición, el prestigio y los títulos. "¿Quién es el primero?" es todavía la pregunta operante. Porque él conocía sus corazones, Jesús sabía de su pecaminosa ambición aun antes de que les preguntara sobre qué disputaban. Como niñitos cuando se les descubre una mala conducta, tenían vergüenza de contestarle.

Ante lo ocurrido, podría haberlos reprendido nuevamente, pero en cambio convirtió ese momento en una inolvidable experiencia de enseñanza. Lo hizo con uno de sus expresivos dichos: "Para ser el primero, hay que ser el último".

El líder siervo

Ninguna de las lecciones de Jesús sobre liderazgo puede parecer más paradójica que el concepto del siervo líder, que es, de hecho, la misma esencia tanto del ejemplo de su liderazgo como de sus enseñanzas sobre el tema. A muchos en nuestra época les resulta difícil captar el concepto del siervo/líder, en parte porque la literatura actual sobre liderazgo se adhiere a lo opuesto y glorifica un tipo de líder totalmente distinto. La literatura que elogia a Atila, rey de los hunos, que nos dice que "uno no recibe lo que merece, recibe lo que negocia", que generalmente enseña en estilo de liderazgo "yo primero", confrontador y arrasador es la norma.

Creer que un líder puede tener éxito poniendo primero a sus seguidores y clientes, tanto individual como colectivamente, parece obstinado, irrealizable y una fórmula para el fracaso. De hecho y en verdad, esta lección de Jesús sobre liderazgo es la única fórmula segura para el éxito que jamás se haya enunciado. Es una garantía para el éxito en el sentido más amplio, más duradero. Piénselo. Si usted está al frente de una compañía y pone primero a sus empleados, colegas y clientes, va camino al éxito. Por otra parte, si las ganancias, cuesten lo que cuesten, ocupan el primer lugar, es muy probable que va camino al abuso y el desastre.

Las lecciones de Jesús solo *parecen* paradójicas. Son, de hecho, perspicaces, definitivamente funcionales y eminentemente prácticas; y lo mejor de todo es que dan resultado en el tiempo y para la eternidad.

Darles a otros el primer lugar y convertirse en siervo de todos no significa ser flojo y débil. Jesús jamás enseñó semejante cosa ni es lo que demostró. No vino para satisfacer todos los caprichos ni para suplir las necesidades percibidas de todo el mundo. No aprobaba ni toleraba el querer escalar posiciones, ni el magnificarse uno mismo, ni el egoísmo ni la codicia. La hipocresía, la arrogancia y el orgullo generaban su desprecio. Él era enérgico y directo cuando enfrentaba actitudes y acciones que eran opuestas a su misión general y al bien definitivo de largo alcance para sus seguidores.

Además, resulta evidente que quería y esperaba una mejora continua por parte de sus discípulos en lo que a comprender y actuar se refería. Enseñó a fin de lograr esto. Lideró para obtener este resultado. Jesús nos muestra que el que mejor sirve y enseña, mejor *lidera*. La disciplina, administrada por medio de reprensiones reflexivas, era una parte de su liderazgo como siervo.

Servir a todos, del modo que Jesús enseña, no se trata únicamente de lavar los pies; es también guiar a otros a ser dedicados, disciplinados y excelentes. Qué extraño que sea en la iglesia donde este tipo de liderazgo como siervo sea más raro de encontrar. Muchos pastores y líderes de las iglesias parecen esperar *ser servidos,* con programas de la iglesia que giran alrededor de ponerlos en un pedestal. Además, casi no se espera nada de los miembros en general fuera de la esperanza de que concurran y contribuyan con su dinero. La palabra *disciplina,* que el Nuevo Testamento claramente recalca, casi nunca ni siquiera se susurra.

Nadie está poniendo primero a los demás y a la misión del modo como Jesús lo enseñó. El tipo de liderazgo que él requiere es costoso en la clase de compromiso que exige y la clase de incomodidad que produce. Es, sin embargo, un auténtico liderazgo como siervo; y sí produce éxito.

En el reino de Dios, el camino hacia arriba es para abajo. Jesús desbarató las nociones contemporáneas de poder y las reemplazó con la paradoja de ser líder siendo siervo. En cierto sentido, lo que estaba diciendo era: "No importa quién tiene el título. Busca al que tiene el corazón servicial, y allí encontrarás tu líder". Como en todo lo demás, él mismo es el ejemplo perfecto.

Capítulo 40
LOS NIÑOS SON BIEN RECIBIDOS AQUÍ
Marcos 9:33-37

El que en mi nombre recibe a alguien como este niño, a mí me recibe; y el que a mí me recibe no me recibe a mí, sino al que me envió.

Marcos 9:37

"Somos una empresa comercial, no de caridad". Esta fue la reacción del directivo de una corporación al leer el orden del día para una reunión de la junta directiva, preparado por su asistente, en que había escrito el rubro: "Niños". La compañía no vendía productos para niños y se dedicaba principalmente a trabajar con las compañías más poderosas y la comercialización de estas. El directivo no podía entender por qué él y la junta directiva tenían que perder el tiempo hablando de niños. Su actitud era equivocada y contraria a las lecciones de Jesús sobre liderazgo.

Por su enseñanza al igual que por su ejemplo, Jesús subrayó la importancia de los niños. Una vez más, puede parecer paradójico que, con tanto que hacer en tan poco tiempo, se tomara tanto tiempo para hablar de niños, usar a los niños como un ejemplo positivo y pasar su valioso tiempo con ellos. La clave para entenderlo es entender que los niños no eran un apéndice en su misión; eran parte integral de ella. "Niños" debe ser un rubro en el orden del día de cada líder.

Sea cual fuere la empresa que usted dirige, su pregunta principal debe ser siempre: "Lo que hacemos, ¿cómo afecta a los niños?" Esta debe ser una pregunta del liderazgo porque es correcta, porque coincide con las enseñanzas y el ejemplo de Jesús y porque contestarla contribuirá al éxito en formas muy prácticas y tangibles.

Los niños no son principalmente una cuestión de caridad ni una cuestión social son principalmente una cuestión de liderazgo o de empresa. Cuanto más tome usted en cuenta a los niños, más exitoso será su liderazgo. Además, usted y los que usted dirige se sentirán mucho mejor en cuanto a la empresa y ustedes mismos si se han ocupado de la "cuestión de cómo afecta a los niños".

Primero, considere a los hijos de los que están involucrados en la tarea entre manos. Pregunte: Nuestro calendario de actividades, lo que exigimos de los involucrados, ¿cómo impactará la vida de nuestros hijos? También pregunte; ¿Cómo podemos ser una influencia positiva sobre la niñez en general? Estas son preguntas para toda empresa. Líderes: tomen nota. Espero que no haga falta decir aquí que jamás, jamás hemos de explotar a los niños. El público en general, al igual que las autoridades, condenan duramente a los que usan a los niños con fines de lucro.

Desafortunadamente, en muchas iglesias los niños y sus necesidades ocupan el último lugar. Las personas especiales para trabajar con ellos, sus programas, sus aulas y sus materiales son los últimos que se toman en cuenta. Deberían ser los primeros. Las iglesias que quieren atraer a más personas han comprobado que si dan su prioridad a tener un programa excelente para niños, los adultos vienen como un tropel. Las iglesias cuyos programas demandan tanto de los miembros adultos que estos descuidan a los niños, no tienen éxito. Son contrarias a una de las lecciones principales de Jesús sobre liderazgo.

Es trágico que líderes de iglesias y escuelas en la actualidad tengan que estar muy conscientes del riesgo que corren de que los niños sean maltratados mientras se encuentran bajo su cuidado. Sin llegar a la obsesión, el líder tiene que cerciorarse de que los niños estén protegidos de pervertidos sexuales que pueden ver a iglesias y escuelas como lugares donde tienen acceso a ellos.

A veces cantamos: "Jesús ama a los niños". ¿Cómo lo sabemos? Porque tomó un pequeño infante en sus brazos y lo usó para enseñar una importante verdad espiritual.

Como un principio del liderazgo, esta es una de las lecciones objetivas más poderosas de nuestro Señor, una que todavía conmueve el corazón dos mil años después. En casi todas las aulas infantiles de las iglesias hay un cuadro de Jesús con un niño y rodeado de sus discípulos. Es un cuadro que ha ayudado a abrir hospitales, orfanatos, sociedades de bienestar infantil, escuelas dominicales y agencias misioneras dedicadas a la niñez alrededor del mundo.

Jesús ama a los niñitos, también nosotros debemos amarlos.

Capítulo 41
EL SÍNDROME: "NO, PORQUE NO SE NOS OCURRIÓ A NOSOTROS"

Marcos 9:38-41

Juan le dijo: "Maestro, vimos a alguien que echaba fuera demonios en tu nombre, y se lo prohibimos, por que no nos seguía".

Marcos 9:38

La reacción "no, porque no se nos ocurrió a nosotros" a las buenas ideas es un problema que todos los líderes tienen que encarar. Al vender publicidad televisiva, caímos en la cuenta de que teníamos que convencer a la mayoría de las agencias de publicidad, si era que queríamos llegar a un acuerdo, que lo que nosotros proponíamos había en realidad sido idea de ellas.

Muchas buenas ideas se pierden, o terminan por beneficiar a otros, por el prejuicio "no, porque no se nos ocurrió a nosotros". Algunos tienen una actitud que refleja: *Si no se nos ocurrió a nosotros, no sirve para nada.* El líder tiene que luchar contra esto y convencer a sus seguidores a que acepten y aprovechen las buenas ideas de todas las fuentes atribuyendo el mérito donde corresponda. Un modo en que el líder puede engendrar esta práctica muy productiva es reconocer y recompensar a los que son lo suficientemente dedicados como para discernir una buena idea y promoverla aunque sea idea de otro.

La competencia en sí no es mala ni maligna. Pero cuando todo lo que hace uno es contar "monedas y narices" o si uno mide su éxito únicamente en base a sus ganancias, cae en el peligro de medir todo lo que hace según las normas del mundo.

Este pasaje nos recuerda que la obra de Dios es mucho más grande que nuestra visión limitada. Dios tiene a su pueblo en muchos lugares, frecuentemente haciendo cosas que nosotros mismos nunca haríamos. Cuando los discípulos se le acercan quejándose de que este hombre hacía milagros fuera de la jurisdicción de ellos, Jesús les dice básicamente: "Déjenlo hacer". No les dice: "Hagan una alianza con él" ni "invítenlo para que se sume a nosotros". Es mucho más sencillo que eso. "Déjenlo hacer. Déjenlo que me sirva a su manera".

Por implicación, su mensaje es: "Ustedes ocúpense de sus propios asuntos y yo me ocuparé de los míos. Manténganse centrados en la misión. Si necesito decirle algo a ese hombre, lo haré. No se preocupen por él. Hagan lo que les llamé a hacer, y no prohíban a los demás hacer lo que les he llamado a ellos a hacer".

Un corolario de esto es la preocupación del líder por mantener a individuos y grupos dentro de la organización centrados en la misión. Es posible hacer esto y aun centrarlos más en ella por medio de generar situaciones de competencia interna. Concursos de venta, concursos de control de calidad, concursos de seguridad, concursos de satisfacción al cliente, concursos de asistencia, etc. son métodos comprobados para dar energía a una organización. No obstante, la responsabilidad del líder es controlar muy de cerca estos tipos de esfuerzos, a fin de mantener la intensidad al nivel correcto y para asegurarse de que todos estén centrados en el bien general máximo para la organización y su misión.

Los anales corporativos están llenos de anécdotas que detallan cómo la competencia interna, tanto grupal como individual, puede descontrolarse. Las batallas internas se hacen tan intensas que acaban por ser malsanas y perjudiciales para la empresa en general. Cualquier tipo de sabotaje, sea de palabra o de hecho, tiene que ser tratado con mucha severidad. No puede ser tolerado.

Jesús demostró una y otra vez su determinación de completar su misión. Se mantenía centrado. Esto incluía hacer el mejor uso posible de aquellos que podían ayudar. El mejor ejemplo de esto lo tenemos en su relación con Juan el Bautista. Un líder de menor cuantía hubiera podido considerar a Juan y a sus discípulos como una competencia. Jesús los veía como adjuntos importantes y elogiaba constantemente a Juan. Ayudó a sus propios discípulos a entender que los otros que hacían cosas buenas en su nombre debían ser alentados, no desalentados.

Algunas iglesias tienen problemas con este concepto. Son tan intensas en cuanto a sus propios programas, sus propios números y sus propios intereses locales que se pierden de ser parte de lo que Dios está haciendo a su alrededor.

Uno de los efectos más positivos y productivos del movimiento Cumplidores de Promesas es que, en general, las iglesias no lo han considerado como una amenaza sino como un programa muy positivo a ser adoptado por sus hombres, su iglesia y, últimamente, por el reino de Dios. Tiene que prevalecer esa misma actitud cuando Dios está usando a Juventud para Cristo para ganar a los jóvenes, Confraternidad de Estudio Bíblico para discipular a las damas o Cruzada Estudiantil para alcanzar a estudiantes universitarios. Cuando los líderes se centren en el reino de Dios y se aseguren de que ese sea el enfoque de todos los demás, se verán muy buenos resultados. El mismo principio se aplica a cada situación organizacional.

Capítulo 42
CÓMO OTORGAR RECOMPENSAS
Marcos 9:38-41

Cualquiera que os dé un vaso de agua en mi nombre, porque sois de Cristo, de cierto os digo que jamás perderá su recompensa.

Marcos 9:41

Determinar quién será recompensado y hasta qué punto es una de las mayores alegrías del liderazgo y, a la vez, una de las tareas más difíciles. Si uno lo hace bien, con discernimiento, puede ser una de las armas más poderosas y efectivas del arsenal de su liderazgo. Si uno lo hace mal, aun con la mejor de las intenciones, puede ser causa de consternación, perturbación y desunión. La frase "alto riesgo, alta recompensa" podría usarse para describir el proceso de determinar las recompensas y adjudicar compensaciones. Afortunadamente, Jesús es un abundante recurso de ayuda y discernimiento para el líder que tiene recompensas para dar, y todos las tienen.

Quizá lo primero que hay que aprender acerca de todos los tipos de recompensas es cuán importantes son. Ningún líder se puede dar el lujo de restarles importancia. El líder inteligente las considerará en espíritu de oración.

Lo segundo que tenemos que comprender es que el dinero, aunque por lo general es la recompensa más importante con que cuenta el líder para otorgar, dista mucho de ser la única. El líder que no lo comprende se encuentra en desventaja al tratar cuestiones de compensaciones en su organización. Es claro que las recompensas monetarias no tuvieron nada que ver con el liderazgo terrenal de Jesús. Él recompensaba a sus discípulos de otras maneras: con dedicarles tiempo, con experiencias singulares, con grandes enseñanzas, con el privilegio de gobernar junto a él en el reino, con relaciones fraternales para reemplazar las que habían perdido, con compartir con él su gloria venidera, con un conocimiento íntimo de Dios y con el regalo final de la vida eterna. Algunas de sus recompensas eran inmediatas, mientras que muchas otras fueron otorgadas a lo largo del tiempo; y la recompensa más grande de todas la recibirían no en esta vida terrenal sino en la venidera. Jesús ofreció a sus seguidores muchas recompensas que valían muchísimo más que el costo de su compromiso con él.

La vida y el liderazgo de Jesús nos enseñan otra profunda lección sobre recompensas que es directamente opuesta a la filosofía común del mundo. Vista superficialmente, parece ingenua y contraproducente. Al examinarla más detenidamente, tiene sentido y debería ser la base del sistema de recompensas de cada líder.

La filosofía del mundo dice que para tener más ganancias, a la gente se le debe pagar lo menos posible. Sus proponentes preguntan: "¿Cuánto es lo mínimo que podemos darle a esta persona y todavía conservarla y motivarla?" Jesús nos enseña a preguntar justamente lo opuesto: "¿Cuánto es *lo más* que podemos darle a esta persona y ser buenos mayordomos de los recursos y ver que la empresa triunfe como debe?" Basar nuestro sistema de compensaciones en la sabiduría de Jesús es lo más práctico y provechoso que podemos hacer. Cuánto es lo más, no cuánto es lo menos, debe ser el método básico para determinar las compensaciones.

Cómo otorgar recompensas

Jesús también nos enseña que un sistema estático de compensaciones nunca será el mejor. A algunos líderes les gustaría reducir todas las cuestiones a una fórmula rígida. Aunque es posible valerse de escalas salariales, porcentajes de ganancias y otras normas objetivas, el líder sabio sabrá que no existe sistema, por más detallado o elaborado que sea, que pueda dar respuesta a todos los interrogantes sobre compensaciones. Lo repetimos, una de las razones es que las recompensas no son todas financieras o medibles en términos de dinero.

Aun en lo que concierne al dinero, Jesús nos enseña que el líder debe tener libertad en cuanto a cómo pagarlo. Después de cumplir su obligación de pagar lo que dijo que pagaría, el líder inteligente retendrá suficiente libertad como para decidir en qué forma las compensaciones serán distribuidas a fin de lograr un máximo aprovechamiento. Recuerde, las recompensas se dan no solo por esfuerzos pasados, sino también para motivar y energizar con miras a un éxito futuro.

El líder también tiene que aprender que las recompensas a su disposición son siempre limitadas. Esto significa que no puede darle a una persona o a un grupo sin quitarle a otra persona o grupo. Esto hace que todas las cuestiones relativas a compensaciones sean más difíciles y requieran un liderazgo cuidadoso y reflexivo.

Aun el líder cuyos fondos para compensaciones consiste de recompensas no monetarias necesita comprenderlo. Solo un alumno sobresaliente puede recibir el primer premio. La atención dada a una persona en la clase de escuela dominical es atención no disponible para los demás. El tiempo de un pastor dedicado a uno de sus miembros es tiempo que no dispone para otros. El líder que lo entiende y hace lo mejor que puede dentro de esta realidad, logra el éxito y lo logra con mayor ecuanimidad.

Jesús les enseña a los líderes que "ser justo", del modo como el mundo lo entiende, no es un concepto totalmente práctico al otorgar compensaciones. En un sentido muy real, él vino para quitar las "recompensas justas". Ofrece misericordia en lugar de justicia. Aun en nuestras pequeñas obligaciones de compensación humana, necesitamos ir más allá de la medida estrictamente justa. Como en su parábola de los obreros que recibieron el mismo pago, Jesús nos enseña que lo que puede parecer "justo" quizá no sea lo correcto ni lo mejor en lo que a compensación se refiere.

En la medida que podamos, necesitamos mirar las compensaciones sobre una base individual a través de una lente de liderazgo que nos ayude a ver qué es lo mejor para cada persona y para la empresa. Esto no es fácil, pero los mejores líderes no se circunscriben a la aplicación de una simple fórmula.

Tal como lo dijo Jesús y tal como lo enseñó en sus parábolas, el líder ha de tener la capacidad de explicar en qué criterio se basa al otorgar las compensaciones en la forma que lo hace. Cuando surge la pregunta inevitable, tiene usted que saber especificar el porqué. Puede ser que su respuesta no satisfaga a su interlocutor, pero tiene que ser honesta, directa y defendible en términos del mayor beneficio para la empresa y para las personas involucradas.

Quienes no puedan aceptar el criterio utilizado quizá se vayan. Esto está bien y es de esperar. No es razón para cambiar el mejor sistema de compensaciones que ha sido adoptado reflexivamente y en espíritu de oración.

Resulta también instructivo el que Jesús aquí claramente enseñe que ninguna acción dejará de tener su recompensa. Aun un gesto tan pequeño como dar un vaso de agua fría será notado por el Señor. Un gesto tan "trivial" puede parecer insignificante según las normas del mundo, pero indica la base de lo que significa ser un siervo. A veces el líder comete el error de solo recompensar los grandes logros, el conseguir excelentes clientes, la concreción de importantes negocios y cosas así. Pero en tal sistema solo las superestrellas reciben recompensas. El líder sabio encontrará maneras de recompensar también a los empleados que "ofrecen un vaso de agua".

Recompensar a aquellos a quienes lideramos es una responsabilidad y un privilegio muy complejos. Jesús es el mejor ejemplo al cual recurrir para recibir dirección.

Capítulo 43
LA ADVERTENCIA DE LA PIEDRA DE MOLINO
Marcos 9:42-50

Y a cualquiera que haga tropezar a uno de estos pequeños que creen en mí, mejor le fuera que se le atase una gran piedra de molino al cuello y que fuese echado al mar.

Marcos 9:42

¿Qué es una piedra de molino? Es una enorme y pesada piedra circular que se usaba para moler el grano hasta hacer harina. Por lo general era de más o menos un metro de diámetro y de un grosor de 30 cm. Se ataban burros a la piedra que caminaban en círculo moliendo lentamente el grano. Ahora imagínese atar semejante piedra al cuello de alguien y echarlo al mar. Se iría al fondo y sufriría una muerte horrible al ahogarse. No tendría escapatoria.

Tal destino sería mejor que aquel preparado para el hombre o la mujer que daña a otros bajo su cuidado. Fíjese que la advertencia es para proteger a los "pequeños que creen en mí". Este es el modo como Jesús protege a los más vulnerables de entre sus seguidores: los pobres, los iletrados, los desventajados sociales, los niños y otros igualmente vulnerables.

El líder que acepta autoridad tiene que saber que con la autoridad viene la responsabilidad. El líder es responsable de las acciones y actitudes de aquellos a quienes dirige. Da la pauta moral y espiritual para su empresa. Estas se cuentan entre el alto precio que el líder debe pagar.

Aun con el más piadoso y consecuente liderazgo a la cabeza, algunos todavía cometerán malas acciones. Después de todo, Judas traicionó a Jesús después de estar tres años con él. Nuestra responsabilidad como líderes es asegurarnos de no ser la *causa* del fracaso de algún seguidor. Una parte en la creación y el mantenimiento de un ambiente correcto es no tolerar en absoluto lo malo dentro de la organización. Muchos líderes han tenido problemas porque se hicieron de "la vista gorda" cuando se enteraron de un mal cometido dentro de su organización. Esto *causa* que otros consideren la posibilidad de cometer acciones igualmente nefastas. Nunca ignore, ni disimule, ni excuse, ni demore arrancar de raíz, las cosas malas en su organización. Siempre encárelas inmediatamente.

Los líderes de iglesias e instituciones educativas tienen una responsabilidad particularmente abrumadora. Apegarse estrictamente a las Escrituras debe ser el primer requisito para todos a quienes se les confía la tarea de enseñar. Si el pastor sabe de un maestro de escuela dominical que está haciendo que la verdad bíblica sea puesta en tela de juicio, o si el presidente de una universidad cristiana sabe que ciertos profesores están causando que estudiantes cuestionen sus creencias y no hace nada al respecto, no cumple su responsabilidad como líder.

La advertencia es severa. Dios no tratará livianamente a los líderes que abusan de sus seguidores o los descuidan. Mejor es no ser un líder que dañar a los que han sido confiados a su cuidado. Sea este, tema de sus oraciones diarias.

Capítulo 44
TOME SU HACHA
Marcos 9:42-50

Si tu pie te hace tropezar, córtalo. Mejor te es entrar cojo a la vida que teniendo dos pies, ser echado al infierno.

Marcos 9:45

Este versículo es probablemente la afirmación más fuerte y enfocada en toda la Biblia. Jesús nos está aconsejando que mantengamos como prioridad la meta más importante de la vida de todos: vivir en comunión íntima con Dios. *Cualquier* cosa que pueda causar que no cumplamos esta meta debe ser quitada de nuestra vida.

Mantenerse centrado es una de las responsabilidades permanentes más importantes del liderazgo. Empieza con una declaración de la misión y continúa al ir comparando lo que hacemos y planeamos con esa declaración de nuestra misión. Tenemos que ser implacables en descartar las actividades y los programas que no contribuyen directamente a la meta que enunciáramos en la declaración de la misión. Esto parece fácil, pero no lo es. Es responsabilidad del líder mantenerse enfocado.

Considere una clase de escuela dominical que se forma con una misión muy sencilla: estudiar la Palabra de Dios.

Se aparta una hora por semana con el solo fin de estudiar la Biblia en un grupo homogéneo. Tiene una misión sencilla con un enfoque muy definido.

Pero esto es lo que pasa muchas veces: Alguien dice que sería bueno comenzar la clase con un canto o dos. Muy bien. La clase empieza con un canto.

Se recibe la sugerencia de que la clase debe promover el "compañerismo" entre los miembros. Muy bien. Se dedica un momento al comienzo de la clase para tomar un café y disfrutar de compañerismo. Se toma tiempo de clase para hablar y programar actividades de compañerismo fuera de la clase. ("¿Sería mejor que todos trajeran un platillo o tener un *pic-nic*? ¿Qué les parece hacerlo dentro de dos viernes? ¿o tres?")

Los líderes de la iglesia reconocen que muchos de los que vienen a la escuela dominical no se quedan para el culto así que consideran el tiempo de clase perfecto para hacer anuncios generales. Se aparta un momentito para eso.

Como la Biblia nos aconseja hacer buenas obras, la clase decide apoyar una obra de caridad. ¿Cuál? ¿Cuánto aportarán? ¿Cuando recibirán el informe de cómo se gastó el dinero?

Ya capta usted la idea. El enfoque en el estudio bíblico, el verdadero propósito de la clase, se pierde. El estudio bíblico, en el mejor de los casos, queda relegado a un segundo lugar; y la meta de una clase discipulada se ha diluido.

Mantener el enfoque puede ser costoso tanto como doloroso. No será fácil que esa clase de escuela dominical vuelva a tener su visión original, especialmente cuando todas esas metas "dignas" han sido agregadas. Nuestra tendencia humana es ir dejando a un lado nuestros compromisos originales. Pero cuando percibimos que eso sucede, el costo de ir contra la corriente es enorme. Es como amputarse una mano o quitarse un ojo.

Uno no puede hacer ese tipo de operación quirúrgica sin sentir muchísimo dolor. Es por eso que algunas iglesias, universidades y organizaciones cristianas han ido a la deriva durante años y años y, al final, se parecen muy poco a lo que una vez eran. Nadie está dispuesto a sacar el hacha y empezar a cortar. Pero eso es precisamente lo que debe hacerse.

Por otro lado, este pasaje tiene mucho que decir sobre líderes que llegan a organizaciones que están a la deriva y han perdido su vitalidad. Usted necesitará muchas cosas para reavivar su empresa: fe, paciencia, sabiduría, amabilidad, un enfoque a largo plazo, una habilidad de separar lo trivial de lo crucial. Necesita todo eso. Pero recuerde lo que dijo Jesús. Lleve al trabajo un hacha bien afilada. Tarde o temprano tendrá que empezar a darle hachazos a las cosas que realmente no necesita. No podrá volver a encaminarse si no los da.

Mantenerse enfocado es asegurarse de que se persiguen las *mejores* metas. Deben definirse como "mejores" aquellas metas más apegadas a la declaración de la misión. Mantenerse enfocado tiene que ser una disciplina constante, cotidiana, para el líder.

Capítulo 45
SEA SALADO
Marcos 9:42-50

Buena es la sal; pero si la sal se vuelve insípida, ¿con qué será salada? Tened sal en vosotros y vivid en paz los unos con los otros.

Marcos 9:50

Tanto en este pasaje como en el Sermón del monte, Jesús usó con mucho poder la metáfora de la sal. El líder actual, en todo tipo de empresas, necesita hacer suya esta lección.

En las épocas bíblicas, la sal representaba la fidelidad de Dios. La sal les recordaba a los israelitas qué fiel había sido Dios hacia ellos, cómo había cumplido sus promesas. El líder de hoy necesita ser fiel, fiel a su misión, a los que ha pedido que lo sigan y a las normas de un liderazgo piadoso. No hay nada que dañe más a una empresa y a los involucrados en ella, que la infidelidad de un líder.

Al irse anulando los absolutos morales de nuestra sociedad, hemos visto a más y más líderes en el mundo de los negocios y la industria salir reprobados en la prueba de la fidelidad. Han sido infieles desde robar abiertamente hasta administrar la empresa para sus propios fines en lugar de lograr la misión para beneficio de todos los involucrados. Algunos han sido infieles en lo personal viviendo, fuera de la oficina, una vida que ha traído vergüenza sobre ellos, sus seguidores y las empresas que fueron elegidos para dirigir. Trágicamente, los líderes en y de la iglesia demasiadas veces han sido infieles en exactamente esas mismas maneras.

Los líderes y aquellos a quienes deben rendir cuentas necesitan comprender que deben adoptar una norma elevada de fidelidad. Necesitan poder decir a los que les siguen: "He sido fiel. Espero lo mismo de ustedes". Cuando el líder no puede afirmar esto, carece de uno de los haberes más esenciales del liderazgo y ha menoscabado la dignidad del mismo. Es casi imposible recobrarla.

Una línea del hermoso canto de Steve Green debería ser el lema del líder actual: "Que los que nos siguen nos hallen fieles". Debería ser parte de nuestras oraciones cotidianas a Dios.

Cuando Jesús habló de la sal, también tenía en mente otros de sus usos metafóricos. La sal da sabor, un gusto interesante a la comida. ¡Qué lección importante! El líder tiene que mantenerse alerta para captar las maneras de hacer que su empresa sea interesante y entusiasme a todos los involucrados. Necesita asegurarse de que sus seguidores no caen en una rutina aburrida, una especie de síndrome de "otro día más en la oficina". Cuando esto sucede, se pierde la efectividad y bajan los niveles de energía.

Es obvio que el factor entusiasmo es más fácil de mantener en algunas empresas que en otras. Un jugador de la selección nacional de fútbol tiene inherentemente más entusiasmo por su trabajo que el operario que cuenta tornillos en una fábrica, pero es responsabilidad de todo líder generar entusiasmo por la misión, sea cual sea. Mi padre trabajó toda su vida en la fabricación de pintura. Esto puede parecer la personificación del aburrimiento. Pero porque papá entendía la importancia de su producto en la vida de las personas, sentía pasión por su trabajo, y lo hacía interesante y emocionante para sus colaboradores. Cada líder necesita la habilidad de hacer conocer y valorar el propósito de la empresa.

Con más razón nunca debe haber falta de interés y entusiasmo entre los involucrados en la obra de la iglesia. Su misión es la más emocionante, desafiante y vital de todas.

Las consecuencias de lo que en ella se hace o no se hace son de extrema importancia y eternas. Deben reinar el entusiasmo y la vitalidad. Es triste que con frecuencia este no sea el caso. Muchas veces prevalece una actitud de "siempre lo mismo de siempre". Los líderes de la iglesia no pueden, no deben dejar que esto suceda mientras ellos estén al frente.

El líder en la iglesia necesita sentir entusiasmo él mismo y generar entusiasmo en aquellos a quienes dirige. En caso contrario, consideraciones tan banales como el estilo del culto de adoración y la próxima campaña para el presupuesto se convierten en el enfoque central de la iglesia. El líder tiene que centrarse en el papel transformador de vidas, transformador de destinos en la iglesia y demostrárselo constantemente a todos los involucrados. Si no, el mero mantenimiento de la organización pasa a ser la aburrida meta.

Jesús enseñó acerca del aspecto preservador de la sal. Al demostrar fidelidad y generar entusiasmo, el líder tiene que asegurarse de que está trabajando para preservar lo que más importa a su empresa. Esta es una admonición de particular importancia para el líder nuevo en un nuevo ambiente. Al abocarse a los cambios que necesitan hacerse y a generar renovado entusiasmo, sea sabio en preservar lo bueno que ya existe.

Cuando era estudiante universitario tuve una experiencia de primera mano con un líder que no entendía la necesidad de preservar las cosas buenas del pasado. Vino un nuevo presidente a la universidad, lleno de pasión por su tarea y de determinación por hacerla progresar. En su celo por lograrlo ordenó muchos cambios. Algunos de estos se relacionaban con viejas tradiciones de la institución que estudiantes, profesores y ex alumnos atesoraban. El entusiasmo por el nuevo presidente se convirtió en una rebelión directa, y al poco tiempo tuvo que irse. Le faltó comprender la responsabilidad que tiene el líder de preservar las cosas buenas del pasado. No cometa este error al liderar.

La metáfora de la sal que usó Jesús era poderosa en su época. Debe ser igual de poderosa en la vida del líder de hoy. Sea fiel. Sea entusiasta. Sea preservador.

Capítulo 46

MATRIMONIO Y LIDERAZGO

Marcos 10:1-12

Por tanto, lo que Dios ha unido, no lo separe el hombre.

Marcos 10:9

No es una exageración afirmar que fuimos hechos para el matrimonio. Al final de cuentas, la mayoría de las personas en algún momento estarán casadas. No que el matrimonio sea mejor que la soltería. Todo depende de las dos personas que forman el matrimonio y de la persona que es soltera. Muchos pueden cumplir mejor la voluntad de Dios para su vida quedándose solteros para siempre (1 Cor. 7:7, 8). Otros optarán por esperar años para casarse. Pero eso no debe distraernos del punto principal: *El matrimonio es uno de los mejores regalos de Dios a la raza humana.* Proverbios 18:22 dice: "El que halla esposa halla el bien y alcanza el favor de Jehová". Hebreos 13:4 agrega que "Honroso es para todos el matrimonio".

Las estadísticas lo confirman. Aunque la tasa de divorcios aumenta vertiginosamente, el matrimonio es más popular que nunca. Considere lo siguiente: Hay dos veces más hombres casados que hombres divorciados, y 23 hombres casados por cada viudo. Entre hombres y mujeres de prácticamente todas las edades, los divorciados y viudos se vuelven a casar en proporción mayor que los solteros.

¿Qué tiene que ver todo esto con el liderazgo? Jesús aprovechó la pregunta de los fariseos como ocasión para enseñarles a sus seguidores sobre la santidad del matrimonio y los peligros del divorcio. El matrimonio fue idea de Dios desde el principio. La noción de un hombre con una mujer para toda la vida data de Adán y Eva en el jardín del Edén. La intención de Dios fue que se unieran en una relación tan fuerte que hasta pudieran denominarse "una carne".

El divorcio, por el contrario, fue idea del hombre, producto de la dureza del corazón humano. Toda persona que ha pasado por la desintegración de un matrimonio comprende de qué está hablando Jesús. Aunque existen situaciones en que el divorcio es necesario debido a una conducta pecaminosa, siempre es doloroso y no es fácil.

En nuestra época, en que el divorcio es tan común, el líder tiene que hacer todo lo posible para crear una cultura corporativa en la cual el matrimonio sea respetado y honrado. Esto puede ser un problema porque nuestra sociedad se ha distanciado cada vez más de este punto de vista bíblico. En el mundo secular, el creyente trabaja al lado de los que pueden tener una perspectiva radicalmente distinta sobre el matrimonio y la moralidad sexual en general. ¿Cómo defender la santidad del matrimonio en un contexto pluralista?

La respuesta no es difícil. Mantenga la solidez de su propio matrimonio. Esto significa siempre hablar bien de su cónyuge, asegurándose de que los demás sepan que usted es casado y que se toma el tiempo para cuidar su propia relación matrimonial, aun si significa quitarle tiempo al trabajo para estar solos en pareja. También significa reconocer la posibilidad de las tentaciones en su lugar de trabajo y levantar "cercas" que lo protejan de un error tonto que podría arruinar su carrera y su matrimonio y apartarlo de Dios.

En un sentido muy real, el matrimonio cristiano es una "ventana en el tiempo" a través de la cual otros pueden vislumbrar la eternidad. Somos como actores sobre un escenario que todo el mundo mira. Nuestro matrimonio es nuestro papel principal. Cuando el esposo cumple bien su papel, cuando la esposa cumple bien el suyo, el público ve algo más profundo: ve a Cristo y la iglesia. Así lo determinó Dios, por eso es que un matrimonio cristiano atrae a la gente a Cristo o la aparta aún más.

Y es por eso que no existe el divorcio privado. Si creemos que no importa si nos divorciamos, nos equivocamos. Si creemos que no le concierne a nadie más, nos equivocamos. Queda involucrada toda la iglesia. La reputación de Dios está en juego.

A nuestro alrededor los matrimonios fracasan. Es algo que se oye todos los días. Quizá usted trabaje en una oficina donde es la única persona todavía casada con el mismo hombre o la misma mujer. A veces le cuentan de otro divorcio y vacila en qué decir. La gente se divorcia por razones tan pueriles.

Le tengo una noticia emocionante. Usted es un misionero en esa oficina... su matrimonio es su mensaje. No tiene que predicar un sermón. *Su compromiso de por vida a su esposo o esposa es un sermón visible que los demás ven todos los días.*

¿Cómo puede mostrar a otros su amor por Dios? Deje que observen su matrimonio. Es más efectivo que 100 tratados o 200 versículos bíblicos. *La gente puede dudar de lo que dice, pero no puede negar la realidad de un matrimonio auténticamente cristiano.*

A Dios le importa el matrimonio, y debe importarle a usted. Cuando el líder guarda sus votos matrimoniales, se les hace más fácil a su seguidores cumplir sus promesas.

Capítulo 47
EL LÍDER SOBREPROTEGIDO
Marcos 10:13-16

Y le presentaban niños para que los tocase, pero los discípulos los reprendieron.

Marcos 10:13

La sobreprotección es un problema que, tarde o temprano, todo líder tiene. De hecho, es probablemente cierto que cuánto más éxito obtenga, más posible es que su gente clave se esfuerce por protegerlo de distracciones indeseables. Al principio de cualquier sueño, el líder hablará con cualquiera sobre cualquier cosa porque no tiene el obstáculo de un plantel de colaboradores que debe administrar, un presupuesto que mantener y un calendario cargado que debe cumplir. En los primeros días, el líder *tiene* que ser accesible, aunque sea porque no tiene con quién más hablar o nada más que hacer.

Poco a poco, las cosas cambian. Usted encuentra algunas personas clave que se le suman en sus esfuerzos, empieza a definir sus metas con más precisión y, con el correr

El líder sobreprotegido

del tiempo, se comienza a desarrollar una organización alrededor suyo. Usted establece procedimientos, el horario de oficina y redacta un manual de reglamentos. Todo esto es bueno porque los mantienen a usted y a su organización centrados en su misión.

No obstante, aun las mejores cosas de la vida pueden a veces convertirse en obstáculos. Si su manual de reglamentos le impide ver a las personas que necesita ver, entonces es tiempo de cambiar el manual.

Es indudable que la intención de los discípulos era buena cuando trataban de impedir que la gente molestara a Jesús con sus niños. Uno los puede imaginar diciendo: "Miren, no es que a Jesús no le gusten los niños. Los *ama*. Lo que pasa es que en este momento está ocupado y es mejor que no lo molesten con ellos". Suena bueno, y quizá hubiera dado resultado de no haber intervenido Jesús. El versículo 14 nos dice que Jesús se indignó. Una traducción hasta usa la palabra *iracundo*. Interrumpió a sus hombres, tomó a los niños en sus brazos, puso las manos sobre ellos y los bendijo.

Hay momentos cuando el líder tiene que hacer lo que solo él puede hacer. A veces tiene que ignorar los procedimientos establecidos aun cuando signifique avergonzar a sus colaboradores más cercanos al hacerlo. En realidad generará usted un momento apto para el aprendizaje que nunca olvidarán.

Válgase de esta lección de Jesús. No deje que nadie lo "sobreproteja" de las personas a quienes realmente tiene que ver.

Capítulo 48
LA VERDAD SOBRE LOS HALAGOS
Marcos 10:17-31

Pero Jesús le dijo: ¿Por qué me llamas "bueno"? Ninguno es bueno, sino sólo uno, Dios.

Marcos 10:18

La conversación de Jesús con el joven rico ha generado muchas controversias. El joven rico usó la expresión *Maestro bueno* con ligereza (v. 17). La respuesta de Jesús, en un nivel, significa: "¿Tienes idea con quién estás hablando?" El joven evidentemente veía a Jesús como un rabí capacitado, dirigido por el Espíritu, que tenía percepciones inusuales acerca de las cosas de Dios. Pero Jesús no se conformó con ese nivel de comprensión; "No me llames 'bueno' a menos que sepas quién soy realmente". Jesús rechazaba los halagos de la gente que apenas lo conocía.

Su interlocutor confiaba en que su propia bondad innata lo haría entrar al cielo. De verdad creía que desde niño había obedecido los mandamientos a la perfección. Es así que no solo malinterpretó quién era Jesús sino que no tenía

La verdad sobre los halagos

idea de quién era él mismo. Se equivocaba doblemente: por basarse en un concepto defectuoso de "bueno", que para él era una especie de moralidad exterior relativa; y él bueno según su propio código moral pero pecador según las normas de la perfección de Dios.

Contrariamente a lo que afirman críticos y cultos hostiles, en este pasaje Jesús no está negando su deidad como el Hijo de Dios. En otras partes de las Escrituras Jesús se declara Hijo de Dios, el Mesías. Al responder al joven rico, en un modo sutil, está tratando de guiarlo a captar dicha verdad; a la vez se niega a aceptar un halago que no tiene ningún valor.

Jesús nunca alteró de su misión. Una parte de ella involucraba asegurarse de que la gente supiera quién era y por qué había venido. Con ese fin, Jesús corregía los conceptos errados y siempre daba a Dios el mérito y la gloria.

El liderazgo, por su propia naturaleza, genera comentarios positivos. Cuanto mejor haga usted su trabajo, más halagos recibirá —y más posibilidad habrá de ser muy mal interpretado—, y de que los halagos se le vayan a la cabeza. Algunas posiciones de liderazgo necesitan ser algo llamativas para que la empresa triunfe. El líder en este tipo de posición tiene que mantenerse especialmente alerta a la naturaleza seductora del halago. En pocas palabras, podemos expresar el consejo así: "No te dejes atrapar". O para usar las palabras de Jesús que siempre son mejores: "¡Ay de vosotros, cuando todos los hombres hablan bien de vosotros!" (Lucas 6:26).

Sepa que el halago es un arma del enemigo. Puede llevar a la arrogancia, y la arrogancia es devastadora.

Una de las mejores armas que los líderes tienen para combatir la tendencia a ser arrogantes es mantener en su mente la imagen clara de Jesús arrodillado para lavar los pies de sus discípulos.

Capítulo 49
LIDERAR *VERSUS* ADMINISTRAR
Marcos 10:32-34

Iban por el camino subiendo a Jerusalén, y Jesús iba delante de ellos. Estaban asombrados, y los que le seguían tenían miedo. Entonces, volviendo a tomar a los doce aparte, les comenzó a declarar las cosas que le estaban por acontecer.

Marcos 10:32

Fíjese en la precisión del momento aquí. A estas alturas en el Evangelio de Marcos, la suerte ya está echada y Jesús sabe que va a Jerusalén para ser crucificado. Los líderes de la nación han endurecido su corazón contra él. Nada puede cambiar el resultado final.

Desde el momento cuando Pedro hizo su magnífica confesión (Mar. 8:27-30), Jesús ha estado lanzando indirectas. Sabe lo que le espera y, como cualquier buen líder, empieza a contarles, poco a poco, su secreto. Ha esperado hasta ahora porque, francamente, sus hombres no podrían haberlo aguantado antes, y casi ni pueden aguantar oírlo ahora.

Liderar *versus* administrar

Ahora que ha llegado el momento, Jesús es específico al dar la mala noticia. Identifica exactamente lo que sucederá, quién lo llevará a cabo y lo que le harán a él: lo escupirán, lo azotarán y lo matarán. Sin duda esto ha de haber pasmado a los discípulos, pero les dio también una enorme seguridad porque sabían que él no sería tomado de sorpresa en Jerusalén. Entró a la ciudad con los ojos abiertos. Lo predijo, y sucedió tal como lo había dicho.

Elegir el momento correcto para comunicar lo que usted sabe puede generar enorme seguridad en sus seguidores y darles la valentía para las etapas difíciles que vendrán. Aun así, los discípulos estaban "asombrados" y "tenían miedo". El líder auténtico muchas veces asombra y asusta a los que dirige. Abre nuevos surcos, conquista nuevos territorios y pide nuevos tipos de compromisos. Él mismo asume nuevos tipos de compromisos. Mantener el status quo es lo que hace un administrador. Esto no es malo, pero no es liderazgo. Liderazgo, por definición, significa estar al frente abriendo nuevas brechas lo cual también causa asombro, temor e incomodidad. El líder es casi siempre el que tiene que dar más.

Este pasaje debe llamar al líder en potencia a hacerse algunas preguntas fundamentales. La primera es: "¿Estoy dispuesto a liderar, realmente liderar?" En el trabajo, en el campo educativo y en la iglesia he visto lo que sucede cuando los que aspiraban a posiciones de liderazgo las consiguen, y luego se niegan a liderar. Cuando sus organizaciones "suben camino a Jerusalén", ellos no van adelante.

Cuando los que ocupan posiciones de liderazgo se niegan a liderar sucede todo tipo de cosas malas. No se toman y comunican las decisiones. Las posiciones no se definen. No se dan tareas. La disciplina no se mantiene. No se conserva el orden y se pierde el rumbo. La organización nunca llega "a Jerusalén".

Por favor, no busque ni acepte una posición de liderazgo a menos que esté dispuesto a arriesgarse tomando decisiones difíciles y asumiendo usted mismo el compromiso más difícil. El líder tiene que liderar, y ese es un papel difícil y exigente.

La segunda pregunta que este pasaje pide que considere el líder en potencia es: "¿Estoy dispuesto a pensar en nuevos modos de hacer las cosas? ¿Puedo pensar fuera del entorno actual y 'colorear fuera de las líneas' ? ¿Me es posible asombrar a algunos y hasta atemorizar a otros?" Como siempre, Jesús es el ejemplo. Fue el pensador más revolucionario de todos los tiempos. Les pidió a sus seguidores en aquel entonces, y nos pide a nosotros hoy, que pensemos de maneras completamente nuevas y diferentes. "Si no está dañado no lo arregles" no es lema para el líder. El líder tiene que ver a cada empresa como "rota" al punto de preguntar: "¿Cómo puede hacerse esto mejor?" y "¿Existen maneras nuevas y que no hemos probado las cuales podemos usar para mejorar?" De esto se trata el liderazgo. El administrador acepta las cosas como son. El líder no.

Hay una tercera pregunta muy importante que este pasaje pide al líder que considere. "¿Estoy dispuesto a ser lo suficientemente abierto, suficientemente vulnerable y suficientemente cercano a un grupo núcleo de seguidores a quienes puedo contarles malas noticias en el momento preciso? ¿Habrán aprendido lo suficiente acerca de la misión y de mi compromiso con la misma al punto de todavía seguirme 'a Jerusalén' después de que la han oído?" Algunos líderes no generan la suficiente seguridad en sus seguidores como para sentir que pueden tolerar malas noticias y rachas difíciles, así que solo comunican buenas noticias. Este no es el modo como lideró Jesús. Continuamente les contaba a sus discípulos acerca del reino venidero y sobre el terriblemente alto costo de convertirlo en realidad. Esta es una lección para todo líder.

Al liderar y considerar la posibilidad de liderar, hágase las preguntas que este pasaje evoca.

Capítulo 50

DEDICACIÓN TOTAL

Marcos 10:35-45

Él les dijo: ¿Qué queréis que haga por vosotros?

Marcos 10:36

Jacobo y Juan se acercaron a Jesús en busca de un contrato permanente, de un nombramiento definitivo. Querían que Jesús les prometiera, allí mismo, en base a lo que habían hecho en el pasado, riquezas incontables en el futuro. Lo que obtuvieron de Jesús fue una maravillosa lección sobre liderazgo. Es una lección de la cual todos podemos beneficiarnos.

Sea cual sea el tipo de grupo que usted dirige, usted es, o se percibe que es, generoso para dar. Puede estar seguro de que sus seguidores se acercarán a usted de la misma manera como se acercaron Jacobo y Juan a Jesús, buscando el mejor beneficio para ellos mismos. Por medio del uso del ejemplo de Jesús, usted puede lograr que la situación sea provechosa para todos los interesados y, a la vez, hacer avanzar su misión.

En primer lugar, Jesús los oyó. Los escuchó. No les dijo: "Lo que piden es ridículo. Retírense". Les pidió que explicaran su pedido en más detalle. Cuando lo hicieron, él aprendió mucho. Aprendió algo de la opinión que tenían de él, de su poder y de autoridad. Esto también le reveló mucho de aquellos dos y de cuánto habían comprendido de lo que había estado tratando de enseñarles. Tiene que haber estado contento con lo que habían aprendido, aunque no de sus motivaciones egoístas.

Una cosa es que un empleado se acerque al líder de una corporación y le pida que le garantice aumentos de sueldo en el futuro. Otra cosa es si se acerca y pide incrementos de sueldo basados en las ganancias de la compañía, cosa que su superior recibirá con mejor disposición. El pedido que coloca al empleado en una posición más favorable es el que pide un aumento futuro basado en el *incremento* de las ganancias de la empresa o el *incremento* de su valor en la bolsa. Esto significa que el empleado no está tratando de negociar basado en su rendimiento en el pasado, sino que proyecta: "Creo en esta compañía y estoy dispuesto a trabajar duro para que tenga aún más ganancias. Quiero compartir su éxito".

El líder sabio seguirá el ejemplo de Jesús cuando sus seguidores se acercan pidiendo aumentos basándose en su rendimiento pasado, y les presentará los desafíos del futuro. Jacobo y Juan se acercaron pidiendo mucho. Jesús los desafió a ganárselo con su desempeño al pasar por dificultades futuras. Esta es una manera excelente de tratar con los que se le acercan. Le brinda a usted la percepción del sentido de seguridad en la compañía y en usted como líder. A ellos, les pide que aumenten su dedicación. Les brinda un incentivo para mejorar su trabajo permanentemente.

El líder competente no "dora la píldora" al explicar la dedicación que busca. Jesús consideró el pedido como sincero y los desafió a sumarse a él en la increíble aventura que incluye un sacrificio mayor que el que jamás habían experimentado.

Cuando Jesús les preguntó: "¿Podéis beber la copa que yo bebo?" en esencia, les estaba invitando a ir y morir con

Dedicación total

él. Aquí llegamos a la prueba definitiva de la vida: "¿Están ustedes dispuestos a sacrificar todo lo que les es querido a fin de seguirme? Si la respuesta es afirmativa, entonces también podrán compartir las recompensas".

Esto tiene inmensas implicaciones para el liderazgo. Primera, tiene usted que involucrarse en algo que amerite una dedicación total. Segunda, el líder mismo tiene que haberse dedicado totalmente. Uno no puede pedir a los demás que hagan lo que uno mismo no ha hecho. Tercera, los seguidores deben ser desafiados a dar todo lo que tienen con la esperanza que por el esfuerzo unido, lograrán juntos una meta que no se hubiera podido alcanzar individualmente.

Estas no son palabras para lanzar livianamente. Presentamos este tipo de desafío únicamente cuando hemos encontrado algo a lo cual vale la pena dar la vida.

Capítulo 51
LA ORDEN DE LOS SIERVOS REALES
Marcos 10:41-45

Pero no es así entre vosotros. Más bien, cualquiera que anhele hacerse grande entre vosotros será vuestro servidor.

Marcos 10:43

Ahora los discípulos han empezado a discutir entre ellos, lo cual no debe sorprendernos. Todo el episodio comienza con el extraño pedido de Jacobo y Juan y termina con una acalorada disputa. Todo es perfectamente natural porque nacimos para competir, para luchar con miras a llegar a la cumbre, para cuidarnos a nosotros mismos. Ganar y perder es el quid de la cuestión. Lo admitamos o no, avanzar más que nuestros amigos es una motivación principal en todo lo que hacemos. Antes de condenar a los discípulos, tenemos que mirarnos bien al espejo.

Jesús no los condenó. Usó la discusión entre ellos como una ocasión para desafiarlos a encauzar su ambición en una nueva dirección.

Ambición se ha convertido en una palabra un poco fea en nuestra época. Para muchos implica un deseo avasallador de avanzar personalmente cueste lo que cueste, y le

La orden de los siervos reales 153

duela a quien le duela. Reconozcámoslo. Sí, hay un exceso de ese tipo de ambición en el mundo de los negocios. En cada empresa u oficina casi siempre se puede encontrar alguna persona dispuesta a tergiversar la verdad si eso le ayuda a escalar posiciones. Economiza, miente en sus informes de gastos, hace correr los chismes maliciosos, abusa de su autoridad y sabe cómo asestarle a uno una puñalada en la espalda y alejarse riendo.

Jesús sabía muy bien de hombres y mujeres así. Él comprendía que sus seguidores se sentirían tentados a usar las mismas tácticas. Con cinco sencillas palabras arrasó con este tipo de ambición: "No es así entre vosotros". Luego presentó un cuadro totalmente distinto de la ambición. "¿Quieren ser líderes? Magnífico, porque el mundo necesita buenos líderes. Esto es lo que quiero que hagan: Conviértanse en siervos. Tomen una toalla y empiecen a lavar pies sucios. Piensen en sí mismos como esclavos, no como amos".

Sin duda los discípulos retrocedieron ante la idea de asumir el papel despreciable de un siervo. Después de todo, estos eran los genios que habían estado discutiendo sobre quién ocuparía el sitio de honor en el gran banquete del reino. La razón para ocupar el sitio de honor es tener a alguien que le sirva.

"No es así entre vosotros". Con estas cinco palabras Jesús trastrocó totalmente los valores del mundo y, hablando figuradamente, estableció una nueva fraternidad: La Orden de los Siervos Reales. ¿Quiere usted ser parte de ella?

El liderazgo auténtico no es cuestión de tener un título, una posición o una personalidad carismática. *El liderazgo es primero y ante todo cuestión del corazón.* ¿Qué líder necesitamos? El que es siervo. Encuentre a un siervo, y habrá encontrado al líder. No es el principal sentado en la mesa principal. Es el que está en la cocina sirviendo la comida.

Capítulo 52

DEDIQUE TIEMPO A LOS DEMÁS
Marcos 10:46-52

¿Qué quieres que te haga?

Marcos 10:51

Durante días y semanas, Jesús había estado camino a Jerusalén. Allí tenía una cita con el destino. En el horizonte ya aparecen las nubes tormentosas de la furia del juicio. Sabe lo que le espera. Porque es el Hijo de Dios, ve con perfecta claridad todo lo que está a punto de suceder: el complot, las treinta piezas de plata, el beso del traidor, el arresto en medio de la noche, los juicios, las acusaciones falsas, el martirio y la corona de espinas. Sobre todo, ve claramente la cruz y sabe que en cuestión de días colgará de ella, suspendido entre el cielo y la tierra.

Es para esto que vino al mundo. Esto es lo que la Biblia quiere decir cuando declara que "su hora" finalmente había llegado.

Ha llegado a Jericó, su última escala antes de subir los montes para encontrarse con su destino en Jerusalén. El

Dedique tiempo a los demás

gentío era grande ese día al correrse la voz de que Jesús de Nazaret pasaba por allí. Al ir saliendo de la ciudad, entre todo el bullicio, un hombre ciego comenzó a clamar a Jesús. Muchos lo regañaban, pero no podían hacerlo callar.

Cuando el sonido de su voz llegó a oídos de Jesús, se detuvo y llamó al hombre, quien corrió a su encuentro. "¿Qué quieres que te haga?", le preguntó. La respuesta fue sencilla: "Que yo recobre la vista". "Vete. Tu fe te ha salvado", dijo Jesús. Al instante el ciego recobró la vista, y seguía a Jesús por el camino.

Solo cabe un comentario. No dudo que Jesús haya estado ocupado y preocupado, mirando hacia adelante a los escasos días finales en Jerusalén donde entraría como rey vitoreado por la muchedumbre, para terminar cinco días después crucificado con dos malhechores. Nadie lo habría juzgado si sencillamente no hubiera tenido tiempo para ocuparse del ciego en Jericó.

Pero se detuvo y se tomó el tiempo para curarlo. Reflexione un momento sobre este pensamiento. Todo en este libro ha sido un testimonio del hecho de que Jesús se destaca y es singular entre todas las grandes figuras de la historia mundial. Nadie puede ser comparado con él. Él es una categoría de uno: el Hijo eterno de Dios.

Este pequeño relato de Jesús y el ciego resume todo lo que hemos estado tratando de decir sobre liderazgo. Líderes son las personas que muestran el camino porque tienen un claro sentido de adónde van. Avanzan hacia el futuro con valentía, y desafían a otros para que lo sigan. Muchas veces se los mal interpreta y a veces son objeto de amarga oposición. Se mantienen centrados en las cosas que importan, pero nunca se olvidan de que las personas importan más que las cosas. Luchan tenazmente por lo que creen porque creen en una causa que es más grande que ellos. Esa causa los consume y se convierte en la razón por la cual todos los siguen.

Como este relato lo demuestra, el líder auténtico dedica tiempo a los demás. Sea esta la lección final de Jesús sobre liderazgo. En su camino a la cumbre, tenga los ojos abiertos para ver a la gente que Dios le pone delante. Casi todos los días encontrará a alguien que necesita la ayuda que solo usted le puede dar.

Este libro se ha terminado, pero la aventura de seguir a Jesús —el Líder incomparable— apenas comienza.

Prometo cumplir mis votos conyugales
Resuelvo ser un modelo de vida para mis hijos
Prometo que practicaré la paciencia
Prometo lealtad total a mi familia y amigos
Prometo conducirme como un profesional
Prometo llegar a ser un líder servidor

101 PROMESAS DIGNAS DE CUMPLIR
le ayudará a tomar decisiones importantes
en varias áreas de su vida.
Núm. 46152

Consígalo en la librería cristiana más cercana.

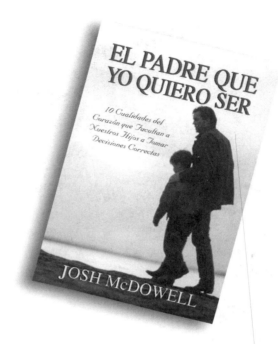

Todo padre quiere que sus hijos:
se sientan amados y seguros, desarrollen una reputación de personas íntegras, sepan afrontar las presiones malsanas de sus compañeros, no cedan a las tentaciones de las drogas y el alcohol, reserven las relaciones sexuales para el matrimonio, busquen el consejo de los padres y lo admiren y respeten como padre.

EL PADRE QUE YO QUIERO SER
10 cualidades del corazón que facultan a nuestros hijos a tomar decisiones correctas
Núm. 46157

Consígalo en la librería cristiana más cercana

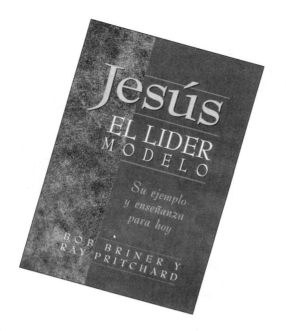

Organizado en la forma de meditaciones diarias, ofrece lecciones que pueden transformar la vida.

Trata temas como:
La tentación es parte del liderazgo
Los líderes son compasivos
Los líderes saben manejar las tradiciones
Los líderes son disciplinados
El liderazgo tiene un precio
Los líderes oran con gratitud

JESÚS EL LÍDER MODELO - Tomo 1
Su ejemplo y enseñanza para hoy
Núm. 46165

Consígalo en la librería cristiana más cercana

Dios tiene promesas que usted no ha experimentado todavía.
El autor nos anima a mantenernos enfocados en Cristo para conservar viva la esperanza en medio de los problemas y las dificultades de la vida diaria. Dios nos provee su esperanza para ayudarnos a experimentar su gracia y su cuidado.

LA RAZÓN DE MI ESPERANZA
Cómo la gracia y el amor de Dios fortalecen y restauran
Núm. 46168

Consígalo en la librería cristiana más cercana